# VOLUME II
# IMPROVISAÇÃO

## TURI COLLURA

Nº Cat.: 409-M

Irmãos Vitale S.A. Indústria e Comércio
www.vitale.com.br
Rua França Pinto, 42   Vila Mariana   São Paulo   SP
CEP: 04016-000  Tel.: 11 5081-9499  Fax: 11 5574-7388

© Copyright 2010 by Irmãos Vitale S.A. Ind. e Com. - São Paulo - Brasil
Todos os direitos autorais reservados para todos os países. *All rights reserved.*

**Diretora de produção:** Neusinha Escorel

**Capa:** Patrícia Tebet

**Diagramação:** Turi Collura; Maurício Biscaia Veiga

**Revisão de texto:** Thiago Costa Veríssimo; Neusinha Escorel; Fernando Novaes Duarte

**Revisão técnica:** Fernando Novaes Duarte

**Projeto gráfico:** Turi Collura; Neusinha Escorel

**Músicos do CD:** Marco Antônio Grijó (*samples* de bateria); Ricardo Mendes (violão e guitarra); Giancarlo Collura (guitarra); Jovaldo Guimarães (sax); Weber Pereira Marely (sax); José Benedito (flauta); Turi Collura (teclado e programação); os computadores Macintosh (o restante)

**Técnicos de gravação do CD:** Ricardo Mendes (Casa da Floresta); Kiko (Nova Arte)

**Mixagem e masterização do CD:** Felipe Gama

**Coordenação editorial:** Roberto Votta

**Produção executiva:** Fernando Vitale

---

CIP-BRASIL. CATALOGAÇÃO NA FONTE
SINDICATO NACIONAL DOS EDITORES DE LIVROS - RJ.

C675i
v.2

Collura, Turi, 1970-
   Improvisação, volume II : práticas criativas para a composição melódica na música popular / Turi Collura. - São Paulo : Irmãos Vitale, 2011.
   126p. : il., música

   Acompanhado de CD em bolso
   Anexos
   Inclui bibliografia
   ISBN 978-85-7407-330-9

   1. Improvisação (Música).
   2. Música - Instrução e ensin.
   3. Partituras.
      I. Título.

11-2545.                                                         CDD: 781.36
                                                                     CDU: 781.65

06.05.11                            09.05.11                           026224

## AGRADECIMENTOS

Expresso minha gratidão aos mestres, entre eles: Maharaji; Bill Evans; Keith Jarrett; John Coltrane; Herbie Hancock; Tom Jobim; Mc Coy Tyner; Chico Buarque; Mick Goodrick; Joe Lovano; Dave Liebman; Charles Banacos; Pat Metheny; Lyle Mais; John A. Sloboda; Franco D'Andrea; Giovanni Tommaso; Franco Cerri; Sante Palumbo; Fabio Jegher; Roberto Pronzato; Maurizio Franco; Tomaso Lama. Esse livro não existiria sem a contribuição, direta ou indireta, de cada um deles.

Um agradecimento especial aos meus pais e às pessoas que contribuiram diretamente à realização deste trabalho: Neusinha Escorel; Chico Buarque; Marola Edições na pessoa de Marilda Ferreira; Jeff Gardner; Marco Antônio Grijó; Felipe Gama; Fábio Calazans; Giancarlo Collura; Fabiano Araújo Costa; Wanderson Lopes; Thiago Costa Veríssimo; Fernando Novaes Duarte; Rodolfo Simor; Edivam Freitas; Ada Collura; Jeferson Mesquita; Neuracy Arruda Escorel; Marcelo Madureira; José Carlos de Oliveira e Marco Antônio de Sousa da Freenote e sua equipe (Vinicius, Danillo, Sonia Regina, Liliam, Joselito, Alex, Neuza); Andréa e Mark Langevin.

**Este livro é dedicado à Neusinha, companheira deste caminho pelo mundo.**

---

*"Para alcançar algo que até hoje não conseguimos, talvez seja importante fazer algo que até hoje não fizemos".*

Maharaji

*- Caro Prof. Turi Collura,
Parabenizo-o pela recente publicação do seu trabalho sobre Improvisação, que vem enriquecer o conjunto de materiais de apoio à atividade docente na área de música e contribuir para o permanente aperfeiçoamento de músicos e para a formação daqueles que ainda não pensam na música como profissão. No momento em que as práticas mais afeitas ao "mundo da música popular" ganham lugar nas instituições acadêmicas, a publicação do seu trabalho sobre a composição melódica na música popular cumpre um papel fundamental.*
(Dra. Regina Marcia Simão Santos, Programa de Pós-Graduação em Música -Mestrado e Doutorado- Universidade Federal do Estado do Rio de Janeiro - UNIRIO)


*- Um dos métodos mais interessantes que foram lançados recentemente no Brasil.*
(André Martins, guitarrista, revista Cover Guitarra)


*- Conheci o trabalho do Turi em 2005. Naquele ano Hannelore Bucher ligou para mim e comentou sobre o trabalho desse italiano recém-chegado ao Brasil, e que eu precisava ver o livro de improvisação que ele havia escrito. Tratava-se do primeiro volume desta obra, recém-lançado, na época, e que logo se revelara um livro de grande sucesso. Entrei em contato com Turi e, no mesmo ano, conheci pessoalmente esse músico de grande talento. Desde então incentivei-o a publicar o segundo volume da obra que hoje vejo nascer com grande satisfação. Parabéns Turi, que Deus te abençoe por nos presentear com mais esse trabalho!*
(José Carlos, Freenote Livros Musicais, São Paulo)


*- Sempre me chamou a atenção o fato de existirem tantos métodos de Harmonia (compreensão e criação) e praticamente nenhum que tratasse da melodia. Bem-vindo ao método do Turi, ele está no caminho certo. Esse pode surgir como um enfoque diferenciado e definitivo para a maioria dos estudantes de música.*
(Sérgio Benevenuto, compositor, professor e produtor musical)


*- Esta obra apresenta, de forma didática e sistemática, etapas de trabalho para (re)conquistar a fluência na improvisação musical e nos lembra, a cada passo, que não se trata -felizmente- de uma mágica ou de um "dom" inato, mas de uma habilidade que pode ser desenvolvida a partir de uma orientação adequada e, sempre, de intenso contato com o repertório musical.*
(Mónica Vermes, professora doutora da Universidade Federal do Espírito Santo - UFES)


*- Turi Collura nos apresenta um texto com uma abordagem apaixonada, e ao mesmo tempo, absolutamente preocupado com o aspecto didático do ensino da composição melódica. Existe algo que impressiona nesses livros: a riqueza de enfoques. Cuidadosamente desmembrados, formam unidades que geram muito interesse tanto para o principiante, quanto para os mais experientes. Turi cerca o leitor com exemplos aplicados a estilos variados, análises esclarecedoras e sugestões sobre como praticar a improvisação com cada técnica abordada.*
(Fabiano Araújo, professor mestre da Universidade Federal do Espírito Santo - UFES)

# PREFÁCIO

Ler essa obra de Turi Collura sobre improvisação é como estar ao lado deste italiano-brasileiro e sentir sua personalidade criativa, alegre, vibrante, generosa, sempre didática.

Aqui, o leitor encontrará uma clara oportunidade de exercitar, na sua prática musical e em tempo real, as funções do intérprete e do compositor. Se a prática da improvisação está hoje mais identificada ao músico popular, especialmente aqueles que lidam com o jazz e suas interfaces (como em diversos estilos da música instrumental brasileira), este livro mostra um caminho que poderá também ser trilhado pelo músico não familiarizado com a improvisação.

Na metodologia que vem desenvolvendo há bastante tempo, Turi reuniu estratégias com as quais o músico erudito, ao mesmo tempo fascinado e atemorizado com a prática da improvisação, irá se identificar. Se a realização da linha do baixo evoca o baixo cifrado do barroco, a improvisação temática, proposta pelo autor, aqui encontra ecos no desenvolvimento motívico clássico de Haydn e Beethoven.

Por outro lado, as dimensões vertical e horizontal da improvisação, fundamentais para o desenvolvimento do pensamento melódico e harmônico na improvisação (do canto, dos instrumentos harmônicos, dos instrumentos não-harmônicos) são também tratadas de maneira a gerar coerência no discurso musical.

Turi também não se esquece de que as mais eficientes abordagens pedagógicas da música popular combinam as tradições escrita (o texto) e auditiva (o som). Assim, não corremos aqui o perigo do que Nicholas Cook chama de "distinção binária entre o literato e o auditivo-oral".

As dezenas de exercícios e exemplos musicais, criados especialmente por Turi, são acompanhadas de gravações que antecipam o ambiente que o músico encontrará fora de sua sala de estudo.

Como nos lembra no folheto de *Interferências*, seu lindo disco de estréia em terras brasileiras, Turi Collura fotografa, musicalmente, interferências diversas que fazem deste planeta uma festa para todos os músicos e músicas. Este livro aponta caminhos que facilitam a trilha para se chegar a um dos grandes êxtases da festa de fazer música: a improvisação.


**Fausto Borém**

Professor da Escola de Música da UFMG
Pesquisador em Música do CNPq
Editor-Fundador da Revista *Per Musi*

# ÍNDICE DAS FAIXAS DO CD

| Faixas | Descrição | Pág. |
|---|---|---|
| 1 | Introdução | |
| 2 | Exercício n° 4 | 22 |
| 3 | Exercício n° 5 | 23 |
| 4 | Exercício n°6-49 | 24-98 |
| 5 | Exemplos 21-22-23 | 28 |
| 6 | Exemplo 34 | 38 |
| 7 | Exercício n° 22 | 39 |
| 8 | Exercício n° 23 | 39 |
| 9 | Exemplo 42 | 43 |
| 10 | Exemplo 43 | 43 |
| 11 | Exemplo 44 | 46 |
| 12 | Exemplo 45 | 46 |
| 13 | Exemplo 46 | 47 |
| 14 | Exemplo 47 | 47 |
| 15 | Exemplo 48 | 47 |
| 16 | Exemplo 49 | 48 |
| 17 | Exemplo 50 | 48 |
| 18 | Exemplo 54 | 49 |
| 19 | Exemplo 58 | 52 |
| 20 | Exemplo 59 | 52 |
| 21 | Exemplo 60 | 52 |
| 22 | Exemplo 61 | 53 |
| 23 | Exemplo 62 | 53 |
| 24 | Exemplo 63 | 53 |
| 25 | Exemplo 64 | 53 |
| 26 | Exemplo 66 | 54 |
| 27 | Exemplo 67 | 54 |
| 28 | Exemplo 86 | 61 |
| 29 | Exemplo 87 | 61 |
| 30 | Exemplo 88 | 61 |
| 31 | Exemplo 90 | 63 |
| 32 | Base para exercício n° 34 | 68 |
| 33 | Base para exercício n° 36 | 74 |
| 34 | Base para exercício n° 37-50 | 75-100 |
| 35 | Base para exercícios n° 42-43-44-47-53-54 | 84-85-94-116-117 |
| 36 | Exemplo 120 | 103 |
| 37 | Exemplo 121 | 103 |
| 38 | Exemplo 122 | 104 |
| 39 | Exemplo 123 | 104 |
| 40 | Exemplo 124 | 104 |
| 41 | Exemplo 125 | 104 |
| 42 | Exemplo 126 | 105 |
| 43 | Exemplo 127 | 105 |
| 44 | Exemplo 128 | 105 |
| 45 | Exemplo 129 | 105 |
| 46 | Exemplo 130 | 106 |
| 47 | Exemplo 131 | 106 |
| 48 | Exemplo 132 | 106 |
| 49 | Exemplo 138 | 109 |
| 50 | Exemplo 139 | 109 |
| 51 | Exemplo 140 | 109 |
| 52 | Exemplo 141 | 109 |
| 53 | Exemplo 142 | 110 |
| 54 | Exemplo 143 | 110 |
| 55 | Exemplo 144 | 110 |
| 56 | Exemplo 145 | 110 |
| 57 | Base para exercícios n° 24-25-26-27 | 56-57 |

# SUMÁRIO

Sobre a obra — 8
Sugestões de como estudar este livro — 9
Sobre este volume — 10
Estruturas harmônicas para fins didáticos — 11

**Capítulo 1. Considerações sobre o campo harmônico diatônico maior e correlação escala/acorde**
1. Campo harmônico diatônico maior — 13
2. Funções no campo harmônico diatônico maior — 15
3. Escalas do campo harmônico maior e correlação escala/acorde — 17
4. Movimentos cadenciais — 21
5. A cadência II-V-I do ponto de vista melódico — 22
6. A correlação escala/acorde e a improvisação horizontal — 25
7. Considerações sobre a improvisação horizontal — 32

**Capítulo 2. Clichês harmônicos, dominantes secundárias e acordes SubV7**
1. Clichês harmônicos — 33
2. Movimentos cadenciais secundários — 34
3. O acorde Sub V7 e sua aplicação na composição melódica — 36

**Capítulo 3. Turnarounds: formas, escalas e aplicações**
1. Aplicações do turnaround — 40
2. Alterações do turnaround — 41
3. Análise de um trecho musical e considerações melódicas — 42

**Capítulo 4. Estruturas Superiores (1ª parte)**
1. Estruturas superiores derivadas da escala Maior — 45

**Capítulo 5. Construção de solos**
1. Sobre as abordagens à improvisação — 51
2. Improvisação temática: desenvolvimento melódico mediante o uso de células — 52
3. Exercícios para ligar entre si os acordes de uma sequência harmônica — 56
4. Como ligar sequências harmônicas inusitadas — 58
5. Equilíbrio entre som e pausa — 61

**Capítulo 6. Considerações sobre os campos harmônicos diatônicos menores e correlação escala/acorde**
1. Escala Menor Harmônica: campo harmônico e escalas derivadas — 64
2. Escala Menor Melódica: campo harmônico e escalas derivadas — 69

**Capítulo 7. Outras escalas e suas aplicações**
1. Escalas pentatônicas — 76
2. Escalas simétricas (tons inteiros; aumentada; aumentada invertida; S-T; T-S) — 77
3. Escalas do acorde diminuto — 91
4. Escalas *be-bop* — 93

**Capítulo 8. Estruturas Superiores (2ª parte): Improvisação contemporânea**
1. Novas tríades para a improvisação — 102
2. Tríades superiores derivadas da escala Menor Melódica — 107
3. A área de Dominante — 108
4. Escalas pentatônicas sobrepostas — 111
5. Técnicas "IN-OUT" — 113

**Capítulo 9. Outras técnicas de improvisação**
1. Núcleo comum das escalas Superlócria e Diminuta S-T — 115
2. Quatro diferentes abordagens para a improvisação — 118

Reflexões sobre a aprendizagem e a prática da improvisação — 122

Escalas, notas disponíveis, função e características de cada tipologia de acorde — 124

Referências bibliográficas relativas aos assuntos deste volume — 125

## SOBRE A OBRA

Tenho o enorme prazer de apresentar aqui o segundo dos volumes dedicados à improvisação. Esta obra é o resultado de três atividades que há anos fazem parte do meu cotidiano: a pesquisa sobre o fenômeno da improvisação na sua forma mais ampla possível, a prática da improvisação como músico e o ensino dessa disciplina como professor. Aprendi (e aprendo) muitas coisas com os meus alunos, aos quais ofereço ajuda no caminho que querem percorrer. Assim, as aulas não padronizadas e *sob medida* (algo que poderia se dizer, "improvisado") sempre apresentam desafios, e com eles, novas e preciosas descobertas sobre a maneira de tratar os assuntos.

Os dois volumes oferecem uma metodologia prática para o estudo da arte da improvisação, entendida como composição melódica extemporânea. O objetivo é ensinar a criar e desenvolver linhas melódicas, mostrando técnicas e caminhos para o estímulo da musicalidade.

A partir disto, quis escrever algo que explicasse como fazer, como combinar as notas para que elas se transformem em frases musicais. As clássicas perguntas tais como: "Por onde começar para improvisar?", "Em que que me baseio para criar novas melodias?", "Conheço as escalas, mas como combiná-las?" acham respostas e propostas nas ferramentas apresentadas, nas técnicas objetivas, para construir linhas melódicas em diferentes estilos e frases "que soem musicais e que sejam criativas".

São traçados caminhos, tanto para o professor que quer utilizar esta obra para fins didáticos quanto para o aluno que quer estudar individualmente. A metodologia conduz a três abordagens possíveis da matéria:

1) **improvisação temática**, na qual o tema ou algum elemento rítmico-melódico é o ponto de partida.
2) **improvisação vertical**, na qual os acordes são o ponto de partida.
3) **improvisação horizontal**, na qual a relação escala/acorde é o ponto de partida.

Um improvisador usa, obviamente, as três abordagens de forma combinada, e dificilmente separa uma da outra. Para fins didáticos, acho essa divisão útil, já que cada abordagem, separadamente, permite usar diferentes técnicas.

O primeiro volume trata, principalmente, da abordagem vertical. O segundo volume trata da abordagem horizontal e da improvisação temática.

São propostos exercícios em todos os tons, estimulando o músico a pensar em todas as tonalidades, de forma musical. Desde os primeiros capítulos, o leitor passa a escrever, a praticar exercícios e a compor solos conforme as técnicas apresentadas.

O CD que acompanha esse segundo volume contém os exemplos musicais e as bases pré-gravadas para praticar os exercícios propostos.

Ao longo do livro, as faixas do CD são indicadas com o símbolo ⊙ seguido pelo número da faixa relativa.

Acredito que este trabalho estimulará o crescimento de todos os leitores que a ele dedicarão algum tempo, pois contém inúmeras atividades dirigidas aos mais diferentes recantos de sua sensibilidade. Se um desses estímulos atingir o alvo e reverberar dentro de você, pelo seu sorriso, então, terá valido a pena escrevê-la.

Boa leitura!

Turi Collura

## SUGESTÕES DE COMO ESTUDAR ESTE LIVRO

- Tenha sempre um lápis à mão. Escreva em cada parágrafo a data do início do estudo. Sublinhe os conceitos, as sugestões que achar úteis; anote as novas idéias que vão surgindo a cada página. Faça deste livro o seu livro de estudo.

- Use também um caderno com pauta musical, já que, ao longo do estudo, será preciso escrever exercícios, frases, compor solos e anotar as novas idéias.

- Use as bases do CD para estudar os exercícios. Repita cada um várias vezes, até alcançar um ótimo desempenho.

- Procure entender o funcionamento do conteúdo proposto, superando a fase da imitação inconsciente. Crie, desenvolva, expresse as suas idéias musicais.

-Tenha paciência durante a aprendizagem. Você está fixando as bases das suas habilidades futuras.

- Enquanto estuda este livro, é aconselhável tocar em conjunto, praticando as suas improvisações em algumas músicas específicas. Sugiro também o uso de bases gravadas. Escolha as suas músicas e toque se divertindo.

- Se possível, grave as suas performances para analisá-las, detectando as melhores idéias e os pontos que você achar que podem ser melhorados.

- É aconselhavel ter lido o Volume 1 desta obra antes de estudar o Volume 2.

As próximas páginas contêm a harmonia de algumas músicas consagradas, brasileiras e internacionais, servindo como base para o estudo, e a aplicação dos exercícios e das técnicas apresentadas ao longo do livro.

Para facilitar a leitura dos exercícios não foram colocados acidentes dobrados. Portanto, algumas vezes, as notas poderão ser tratadas enarmônicamente; por exemplo, um Si dobrado bemol, correto em uma dada tonalidade, poderá ser indicado como Lá natural.

A leitura e a compreensão deste livro não são difíceis. Os conceitos e as idéias podem ser absorvidos em um tempo razoável, enquanto a aplicação dos conceitos no instrumento necessita de um tempo maior, provavelmente vários meses de estudo. Portanto, se depois de ter entendido a teoria, ao colocá-la em prática, você encontrar algumas dificuldades, não se preocupe, isso é absolutamente normal. O estudo proposto é gradativo; começa por exercícios mais simples, chegando a exercícios e técnicas complexas.

As idéias apresentadas são muitas. Tome a liberdade de abrir os dois livros em diferentes pontos, dê uma volta pelos capítulos. Não perca, todavia, a sequência de estudo sugerida.

### Internet.
De certa forma, hoje um livro pode se tornar vivo se existir uma relação, um contato, com seu autor. Por isso, está disponível no site **www.turicollura.com**, contendo informações, atualizações, novos exercícios e bases para os estudos referentes a esta publicação. Acesse o site e mantenha-se atualizado. Mande suas perguntas, impressões e dúvidas. O acesso é gratuito.

## SOBRE ESTE VOLUME

No Volume 1 desta obra, a improvisação melódica é definida como a arte de criar algo no momento, portanto em um tempo limitado, com um material também limitado, visando criar frases que funcionem naquele exato momento. Lá, dizemos que a improvisação pode ser definida como uma composição extemporânea. Ainda, evidenciamos que a improvisação melódica pode se manifestar de várias formas, que correspondem a diferentes pontos de partida:

- Aspecto temático/interpretativo:

    - improvisar elementos de embelezamento melódico;
    - deslocar a rítmica de forma diferente;
    - variar a altura de algumas notas, interpor grupos de notas;
    - executar dinâmicas.

- Criação de novas linhas melódicas:

    - baseadas na variação rítmico-melódica;
    - que desenvolvam células temáticas;
    - baseadas na harmonia dos acordes (reescritura melódica);
    - baseadas em regras estabelecidas no momento;

- Criação de ritmos sobrepostos ao principal.
- Criação/sobreposição de novas harmonias.
- Busca de novas sonoridades e suas combinações.
- Personalização do timbre, do tipo de som.
- Criação coletiva.

Todas essas atividades, muitas das quais ligadas entre si, pressupõem, por parte do músico, capacidades de natureza criativa, mas também, o domínio dos elementos gramaticais, estilísticos e de técnicas específicas. Alguns dos pontos de partida acima apresentados são tratados no Volume 1; outros são tratados neste Volume.

No Volume 1 falo da abordagem vertical à improvisação, evidenciando os movimentos de Tensão e Resolução melódica (T ⟶ R). No Volume 2 falo do aspecto horizontal, das escalas correlatas aos acordes. Aqui apresento estudos de escalas e sugestões sobre sua utilização nos improvisos, visando juntar a abordagem horizontal com a vertical. Apresento, ainda, técnicas específicas para a criação melódica.

É importante levantar uma questão, útil à compreensão deste volume 2: é possível separar o estudo da improvisação do estudo da harmonia? Se a resposta é sim, até que ponto isso é possível? Sem dúvida, uma certa familiaridade com o conhecimento da harmonia e das funções harmônicas dos acordes de uma determinada música é importante. Para isso, mesmo não sendo o objetivo principal deste livro tratar de harmonia ou dos princípios que regem a harmonia tonal, serão tratados alguns conceitos de base, cujo conhecimento é necessário para proceder nos estudos. Sendo o foco do livro a composição melódica e não o estudo da harmonia, durante a leitura poderá tornar-se útil, às vezes, a consulta de algum manual de harmonia.

**NOTA SOBRE A INDICAÇÃO DE TENSÕES/ALTERAÇÕES ADOTADA NESTE LIVRO**

As tensões/alterações dos acordes são indicadas como: 9,#9,#11,13, etc. Quando referidas às escalas são indicadas como: 2,#2,#4,6. Veja a figura abaixo: as notas 9,#11,13 do acorde, são indicadas como 2,#4,6 quando fazem parte da escala, compondo sua sequência.

## ESTRUTURAS HARMÔNICAS PARA FINS DIDÁTICOS

Observe adiante algumas estruturas sobre as quais serão desenvolvidos exercícios e solos. Ao longo do livro, essas estruturas harmônicas serão indicadas com o próprio número ("Estrutura Harmônica n°1", "Estrutura Harmônica n°2").

- **Estrutura Harmônica n°1**. Essa estrutura e seus acordes podem ser aplicados, por exemplo, à música *Autumn Leaves (Johnny Mercer)*, entre outras. A base dessa música está na faixa n°21 do CD referente ao Volume 1 desta obra.

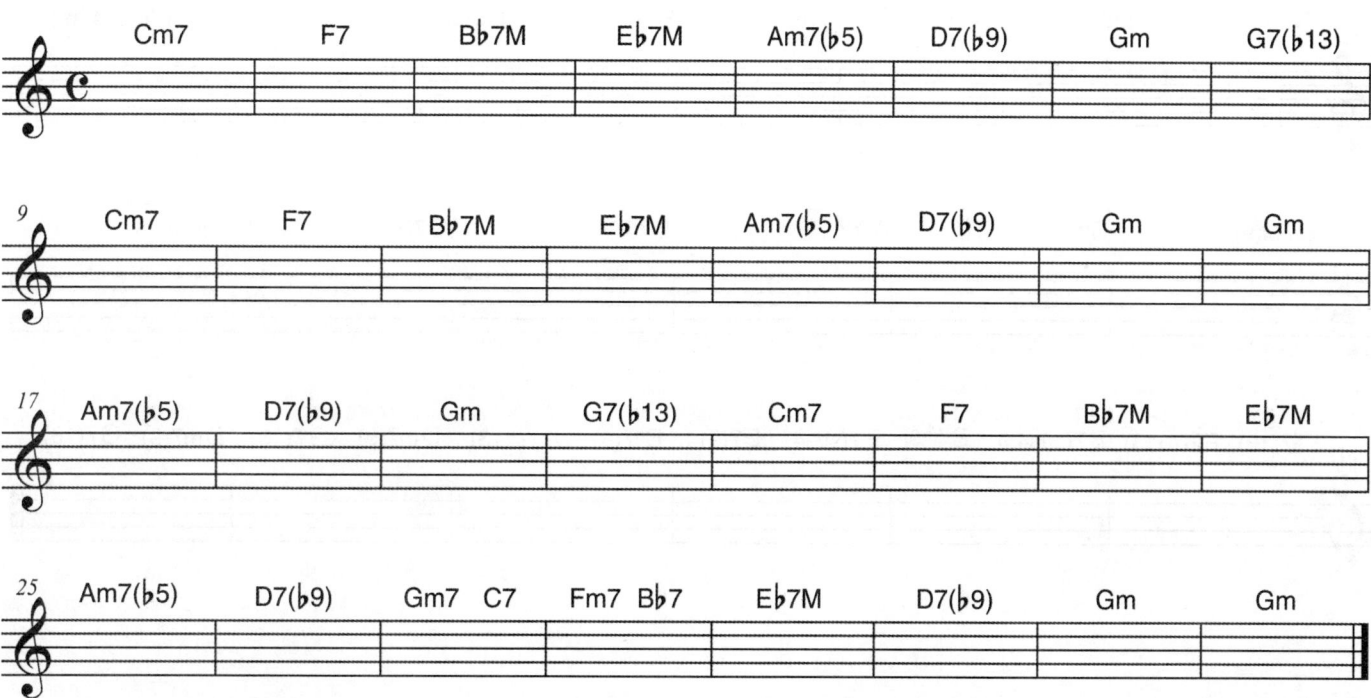

- **Estrutura Harmônica n°2.** Essa estrutura e seus acordes podem ser aplicados, por exemplo, às músicas *Wave* e *Tides* (Tom Jobim) entre outras. A faixa n°57 do CD contém a base desta estrutura harmônica.

# CONSIDERAÇÕES SOBRE O CAMPO HARMÔNICO DIATÔNICO MAIOR E CORRELAÇÃO ESCALA/ACORDE

## 1. CAMPO HARMÔNICO DIATÔNICO MAIOR

Com o nome de campo harmônico diatônico, indica-se o conjunto de acordes gerados a partir das notas de uma determinada escala. Isso se chama, também, de harmonização da escala, isto é, podemos harmonizar a escala maior, construindo um acorde sobre cada uma de suas notas. O conjunto desses acordes compõe o assim chamado campo harmônico diatônico maior (exemplo em C Maior):

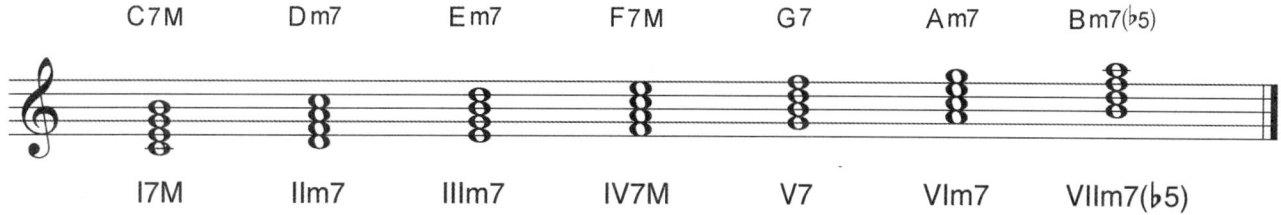

Evidentemente, o campo harmônico contém as alterações que caracterizam a própria escala Maior.
Assim como todas as escalas maiores são caracterizadas por uma mesma estrutura (uma sequência T-T-S-T-T-T-S, onde T=Tom e S=Semitom), todos os campos harmônicos diatônicos maiores são caracterizados pela mesma sequência de estruturas de acordes. Isto é, independente da tonalidade, o primeiro acorde de um campo harmônico diatônico maior será sempre um acorde maior com 7M; o segundo será sempre um acorde menor com 7ª menor; o quinto será sempre um acorde de dominante, etc.

**Exercício n° 1.** Exercícios de fixação dos campos harmônicos nas várias tonalidades maiores.

Para quem precisar, sugiro os seguintes exercícios, para treinar ou aprender os campos harmônicos diatônicos maiores em todos os tons. É útil desenvolver esse exercício em um caderno de música.

1° passo: memorizar a sequência das tipologias de acordes que compõem o campo harmônico maior:

**I7M - IIm7 - IIIm7 - IV7M - V7 - VIm7 - VIIm7(♭5)**

2° passo: escolher uma tonalidade -no próximo exemplo escolhemos D Maior. Traçar a escala. Não colocar armaduras de clave, mas sim, colocar os acidentes antes das notas onde for necessário:

Exemplo 1

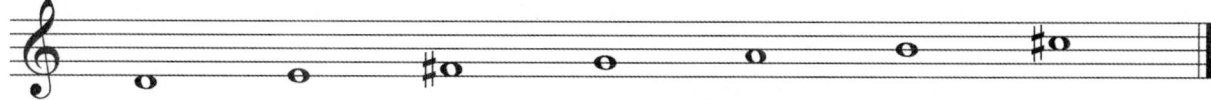

- O acorde de IIm7 pertence à família de subdominante. Ele pode ser visto como IV com o 6° grau adicionado.

- O acorde de VIIm7(♭5) pertence à família de dominante. Ele contém o trítono e pode ser visto como acorde de dominante com a 9ª sem a fundamental.

É interessante entender a relação que existe entre os acordes da mesma família. A figura seguinte mostra como os dois acordes substitutos de cada família de acordes (tônica, subdominante e dominante) se colocam ao redor dele, evidenciando uma distância de terça entre as fundamentais dos três acordes. Cada acorde substituto possui três notas em comum com o acorde "original", e por essa razão pode representá-lo.

**Família de Tônica** (tonalidade de C)

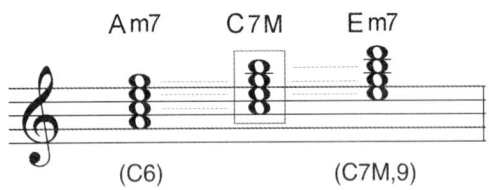

Os arpejos dos acordes estão relacionados entre si:

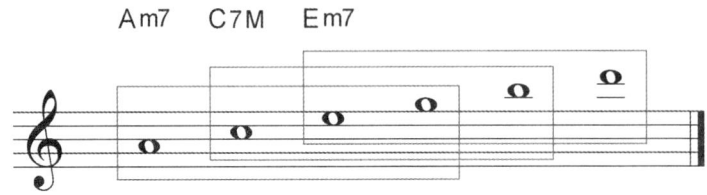

**Família de Subdominante** (tonalidade de C)

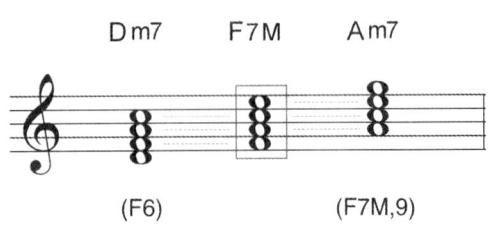

Os arpejos dos acordes estão relacionados entre si:

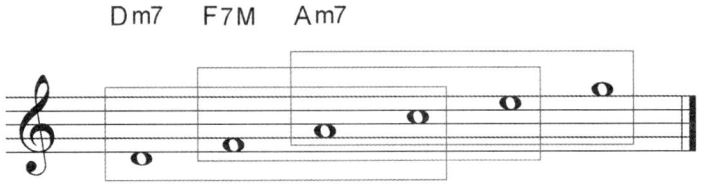

**Família de Dominante** (tonalidade de C)

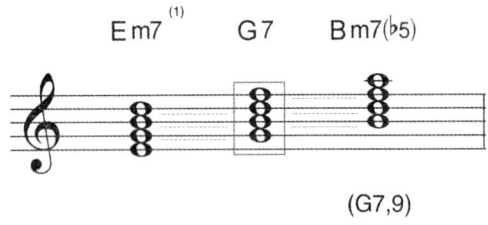

Os arpejos dos acordes estão relacionados entre si:

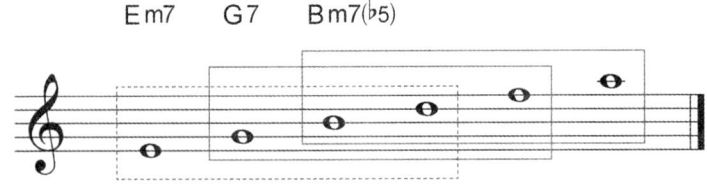

(1) Tradicionalmente, os manuais de harmonia funcional consideram o III como acorde relativo do V. No entanto, não considero aqui o IIIm7 um válido substituto para o V7, devido à falta do intervalo de trítono no IIIm7.

A próxima figura ressalta a relação de terças entre os acordes do campo harmônico e suas funções: (exemplo na tonalidade de C Maior):

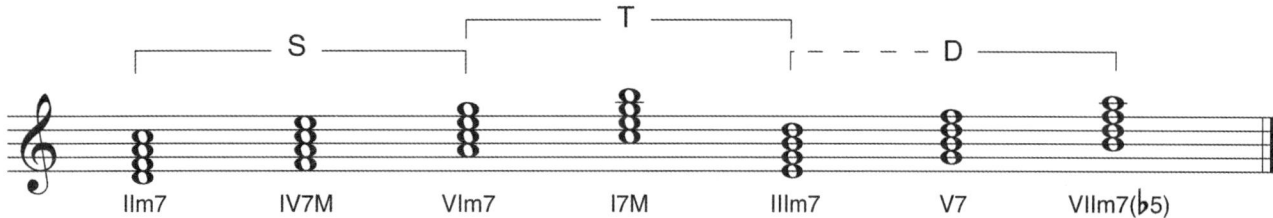

## 3. ESCALAS DO CAMPO HARMÔNICO MAIOR E CORRELAÇÃO ESCALA/ACORDE

Assim como para os acordes, a partir de cada nota da escala Maior, se constroem, também, sete escalas. As escalas derivadas são, de forma comum, chamadas de *modos* ou *escalas modais*.

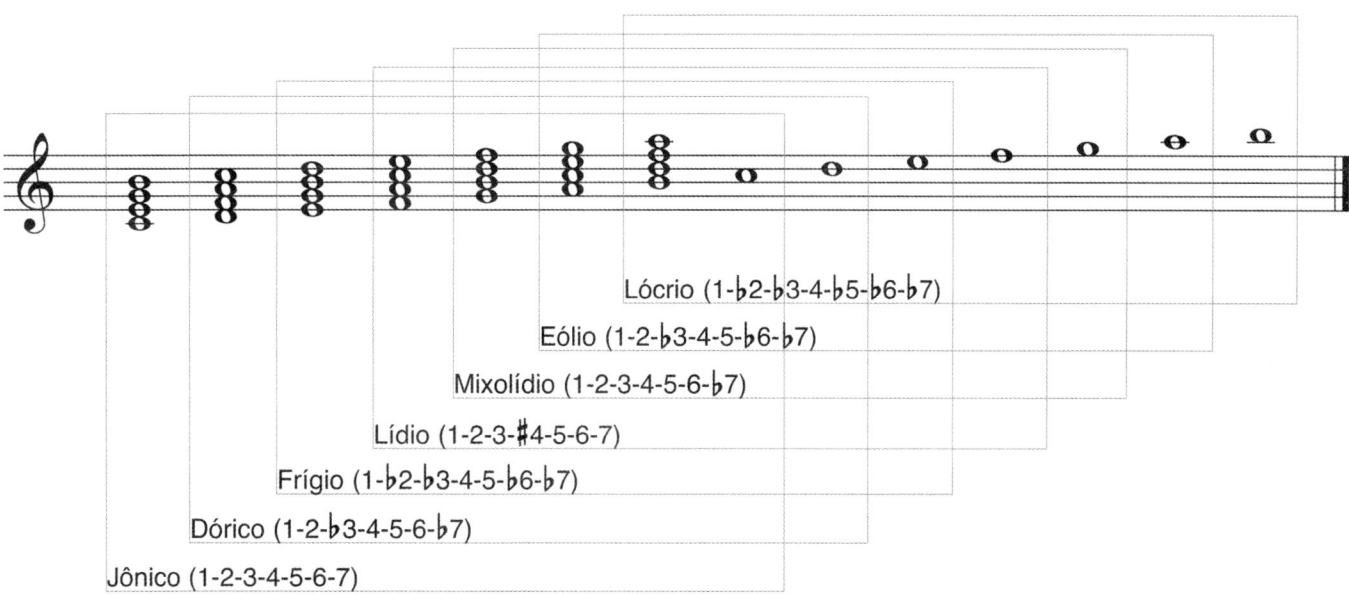

Em termos tonais, é útil evidenciar a direta ligação entre um determinado acorde e a relativa escala. Cada tonalidade é composta, na sua forma mais simples, por um campo harmônico diatônico e pelas relativas escalas. A escala e o acorde são as duas faces de uma mesma moeda, a escala sendo a representação horizontal e o acorde sendo a representação vertical.

CARACTERÍSTICAS DAS ESCALAS:

- Jônico      --
- Dórico      (♭3 - ♭7)
- Frígio      (♭2 - ♭3 - ♭6 - ♭7)
- Lídio       (♯4)
- Mixolídio   (♭7)
- Eólio       (♭3 - ♭6 - ♭7)
- Lócrio      (♭2 - ♭3 - ♭5 - ♭6 - ♭7)

3° passo: tocar as escalas no próprio instrumento.

Repetir o procedimento acima indicado com as outras tonalidades. Sugiro utilizar a sequência do círculo das quintas.

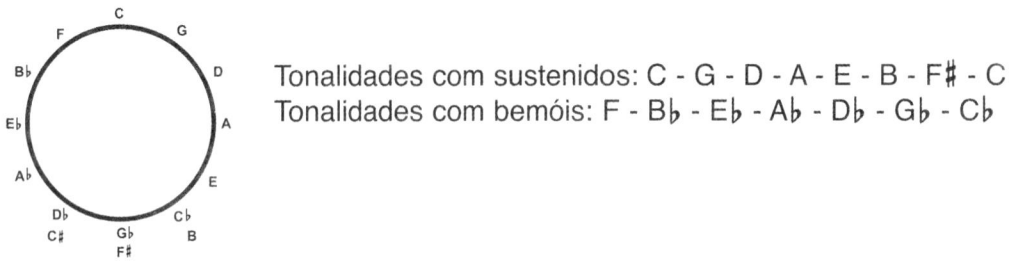

Tonalidades com sustenidos: C - G - D - A - E - B - F♯ - C♯
Tonalidades com bemóis: F - B♭ - E♭ - A♭ - D♭ - G♭ - C♭

**Exercício n° 3.** Outro tipo de exercício de fixação sobre as escalas derivadas.
Sobre uma única nota, construir todos os modos, especificando sua escala de origem:

Exemplo 6

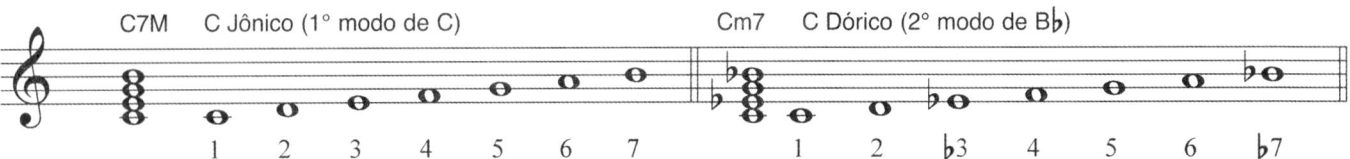

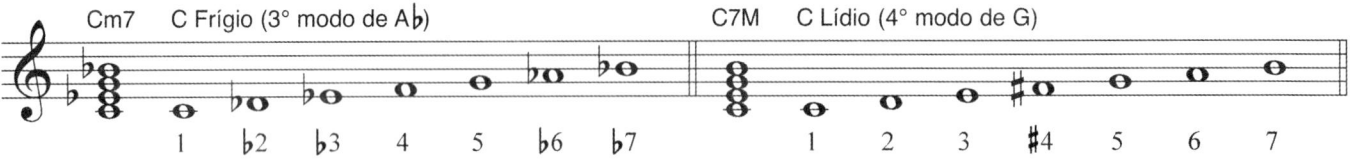

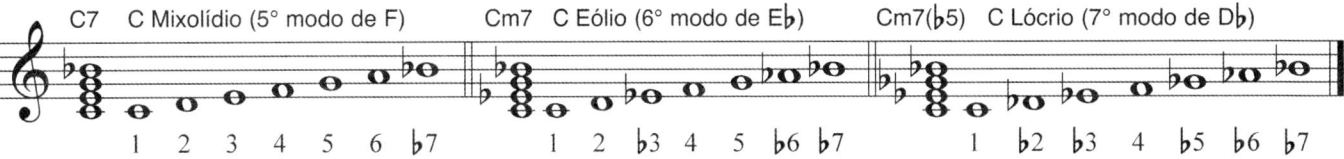

Repetir o procedimento acima indicado com as outras tonalidades. Sugiro utilizar a sequência do círculo das quintas.

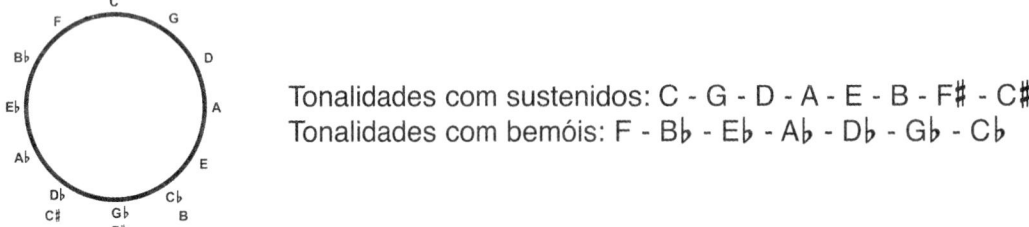

Tonalidades com sustenidos: C - G - D - A - E - B - F♯ - C♯
Tonalidades com bemóis: F - B♭ - E♭ - A♭ - D♭ - G♭ - C♭

Praticando o exercício n° 3, encontrará algumas escalas que contêm alterações dobradas (por exemplo: Ré♭ Frígio é o 3° modo de Si♭♭ Maior. Nesse caso é possível tratar a escala enarmonicamente: Ré♭ Frígio = Dó♯ Frígio, que é o 3° modo de Lá Maior. Escrever as alterações de Lá Maior é mais ágil do que escrever as de Si♭♭).

## 4. MOVIMENTOS CADENCIAIS

### A CADÊNCIA "IV-V-I" E A CADÊNCIA "II-V-I"

Tradicionalmente, chama-se de cadência completa o movimento I - IV - V - I. Ela é composta pelos acordes que representam as três famílias de Tônica, Subdominante e Dominante.

Exemplo 7 em C Maior

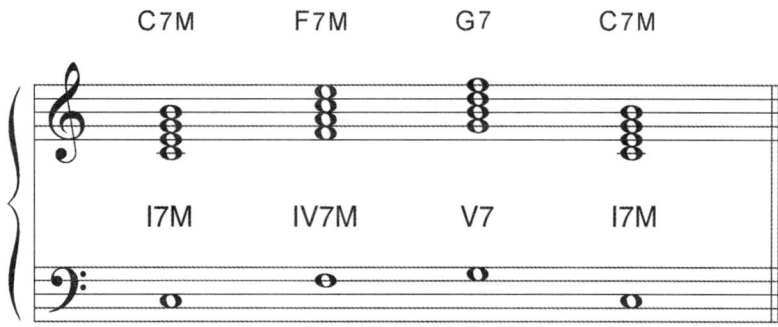

O encadeamento de acordes que procedem por quintas descendentes é característico na harmonia tonal, e portanto próprio de muitas músicas do repertório popular. Em termos tonais, esse tipo de movimento entre as fundamentais de dois acordes é o mais forte dentre todos. Ele se encontra frequentemente em duas ocasiões: nos movimentos harmônicos **V-I** (dominante-tônica) e **II-V** (subdominante-dominante).

Exemplo 8 em C Maior:

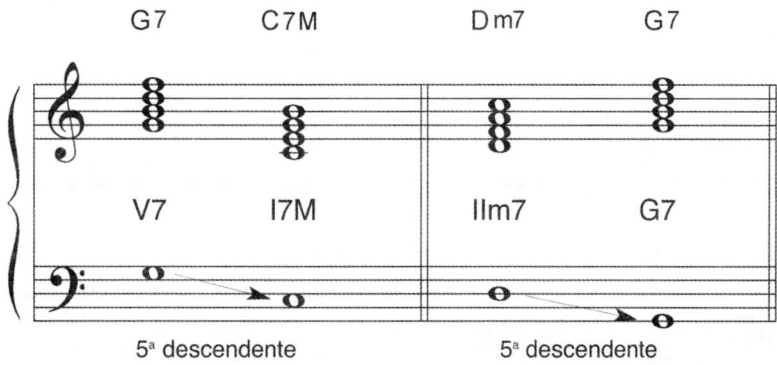

O exemplo 7 mostra que entre o **V** e o **I** há um movimento de quinta descendente no baixo, enquanto entre o **IV** e o **V** há um movimento diatônico. A evolução da cadência **IV - V - I** é a cadência **II - V - I**. Isso é justificável pelo fato que o **II** está em relação de quinta descendente com o **V**. Já na época de Bach usava-se esse movimento.

A sequência de acordes **IIm7 - V7 - I7M** representa um pilar da música popular, assim como do jazz. É útil ressaltar que um intervalo de quinta descendente equivale a um intervalo de quarta ascendente. Assim, pouco importa se, como no caso do exemplo 9, o baixo de Dm7 esteja uma quarta abaixo do G7. Em termos harmônicos, os dois movimentos (quinta descendente e quarta ascendente) são equivalentes.

**Exemplo 9** em C Maior

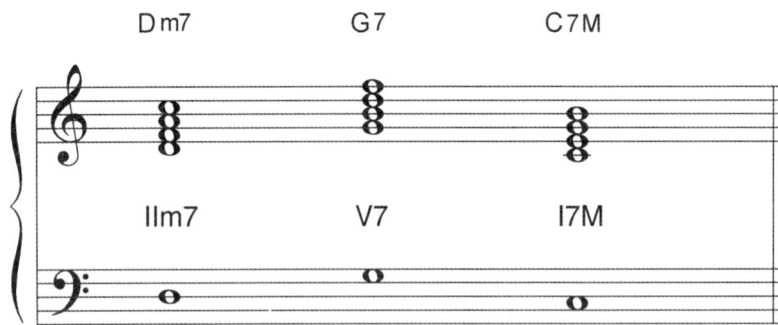

## 5. A CADÊNCIA II-V-I DO PONTO DE VISTA MELÓDICO

O domínio da progressão **II-V-I** se revela muito importante, já que foi observado tratar-se de uma sequência recorrente.

Em termos melódicos, abordamos o estudo da sequência **II-V-I** de duas formas. A primeira abordagem é a vertical, baseada nas notas dos acordes - não pensando em escalas. As técnicas para isso são as apresentadas no Volume 1. Por exemplo, os exercícios apresentados no capítulo 6 do Volume 1 (ciclos de **IIm7-V7**) podem ser transformados facilmente em sequências de **II-V-I**.[1]

**Exercício n° 4.** Sequência **II-V-I** com abordagem vertical. 2

Este é o caso dos exercícios n° 39, 40, 43, 44, 47, 48, 51, 56, 57, 61, 62, 65, 66, 67, 68, 71, 72 do Volume 1. Foram compostos intencionalmente para treinar um movimento chave da música tonal.

**Exercício n° 5.** Transposição do exercício anterior nas restantes tonalidades.  **3**

A segunda abordagem ao estudo da sequência **IIm7-V7-I7M** é a horizontal: recorremos à correlação escala/acorde. Nesse ponto, ao abordar a criação melódica sobre a harmonia de uma música, torna-se útil entender a relação entre os acordes - por exemplo entender que uma dada sequência corresponde ao clichê harmônico **IIm7-V7-I7M**. Então, poderemos aplicar as escalas; veja o exemplo seguinte:

**Exemplo 10**

### Estudo das escalas na correlação escala/acorde
**Exercício nº 6.** A faixa nº4 do CD permite praticar as escalas da sequência **II-V-I** em todos os tons.

## 6. A CORRELAÇÃO ESCALA/ACORDE E A IMPROVISAÇÃO HORIZONTAL

A análise harmônica permite identificar áreas em que, de fato, se recorre às notas de uma só escala. A abordagem vertical à improvisação se baseia no acorde, enquanto a abordagem horizontal se baseia em um pensamento linear, fundamentado na correlação escala/acorde, visando agrupar os acordes em áreas em que se pode usar uma só escala. Este é, por exemplo, o caso da sequência **II-V-I** mostrada no exemplo 10.

As três escalas da sequência desse exemplo estão baseadas nas sete notas da escala de C Maior: D Dórico e G Mixolídio são escalas derivadas da escala Maior de C. Então, ao longo dos três compassos, pode-se pensar em uma só escala. Nesse ponto há, todavia, uma consideração a se fazer: não basta tocar qualquer nota da escala para criar melodias que funcionem. Por exemplo, mesmo que todas as notas da sequência abaixo estejam "corretas", pois pertencem à escala de C maior, elas não produzem um bom resultado. Confira:

Exemplo 11

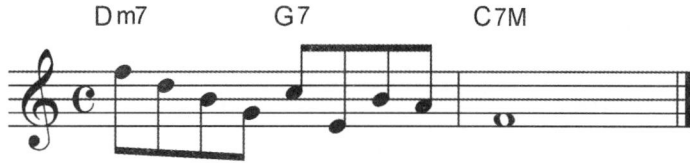

Em cada acorde existem notas mais importantes do que outras, notas essas que definem melhor a harmonia. Estas são as notas do acorde, que representam as notas "R" de cada momento ("R"=Repouso; esse conceito é tratado no Volume 1).

Exemplo 12

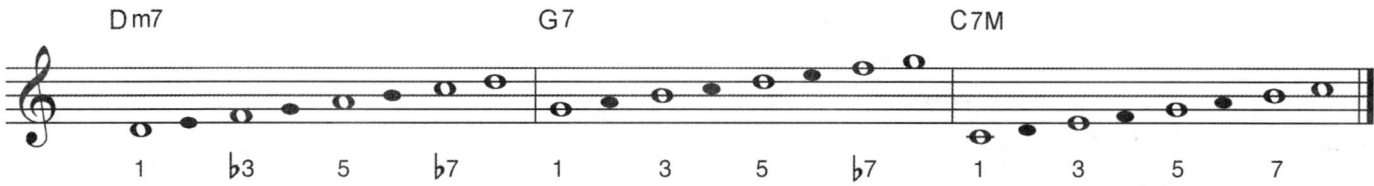

**Exercício n° 7.** Use a base n°4 do CD para improvisar livremente nas sequências **II-V-I** em todos os tons, recorrendo tanto à abordagem vertical quanto à horizontal.

Na minha opinião, o pensamento horizontal traz ótimos resultados quando combinado com o pensamento vertical: é importante que os movimentos lineares (escalas) levem a uma nota "R" ao mudar do acorde.

Exemplo 13  A frase linear, baseada na escala, resolve, de forma coerente, no terceiro grau do acorde de Dó

Se a frase do exemplo acima começasse por uma outra nota, como seria possível, ao chegar no acorde de C7M, terminar na nota Mi? O exemplo 15 e os seguintes mostram algumas possibilidades.

## Adição de um cromatismo às notas da escala

Exemplo 14

No exemplo 14, a inserção da nota Láb permitiu ganhar uma colcheia de tempo para chegar à nota Mi no tempo forte. Outra solução poderia ser:

Exemplo 15

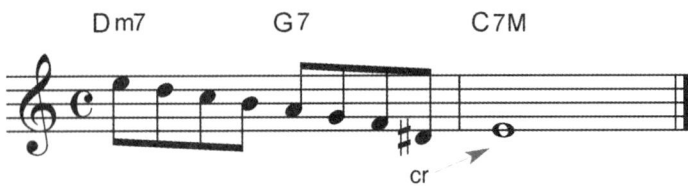

Com o auxílio das notas de abordagem diatônico-cromática, apresentadas no Volume 1, resolvemos o problema de chegar "no ponto certo, na hora certa". Outros exemplos:

Exemplo 16

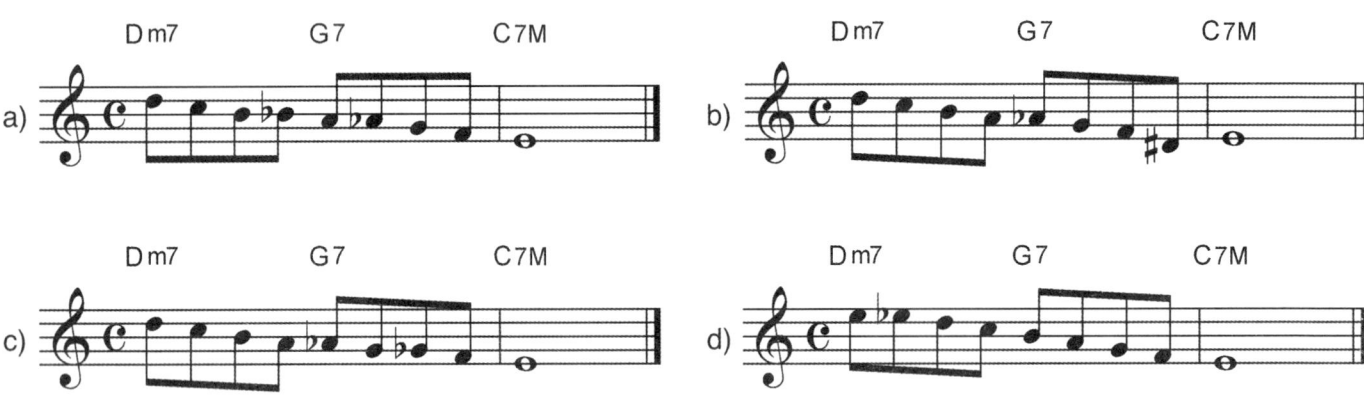

Uma das dificuldades, ao nos basearmos nas escalas para improvisar, é que essas são compostas por sete notas, enquanto os grupos de notas por compasso que estamos acostumados a tocar são pares (2,4,8, etc.). Isso cria uma certa assimetria nas frases. Veja o exemplo 17 usando só as notas da escala: depois de dois grupos de colcheias, a nota de chegada não é a de partida.

Exemplo 17

A introdução de um cromatismo resolve esse problema: o próximo exemplo mostra como a nota de partida e a de chegada coincidem. Além de útil para a resolução, me parece que o uso do cromatismo torna a escala mais interessante, do ponto de vista musical.

**Exemplo 18**

A inserção de alguns cromatismos gera as assim chamadas escalas *be-bop*. Essas serão tratadas no capítulo 7. Aqui, ressalta-se que as inserções cromáticas podem ser várias, assim como apresentado nos exemplos 15 e 16.

### SUGESTÕES SOBRE O USO DAS ESCALAS NOS IMPROVISOS

É interessante considerar que a escala representa uma fonte de notas que podem ser combinadas de várias formas. Por exemplo, em vez de tocar uma escala ascendente ou descendente, consideramos a possibilidade de isolar os intervalos de terças formados pelas notas da escala, utilizando, então, o material de forma diferente:

**Exemplo 19**

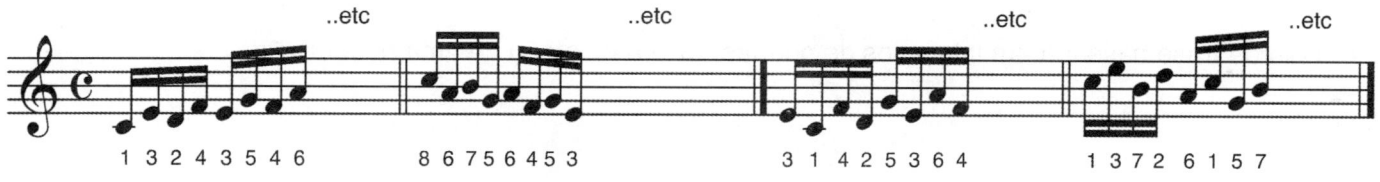

Outra disposição de notas por terças pode ser a seguinte (trocando a ordem das notas do exemplo 19):

**Exemplo 20**

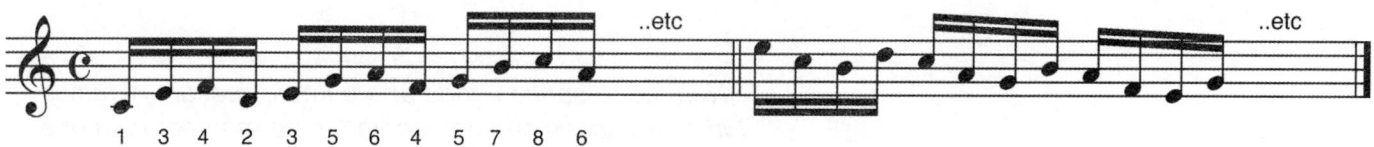

É importante, nos improvisos, não ser tão previsível. O uso repetido de clichês pode se tornar algo pouco criativo. Então é aconselhável executar apenas pequenos trechos baseados nesse material, ou criar variações, como as do próximo exemplo.

Exemplo 21

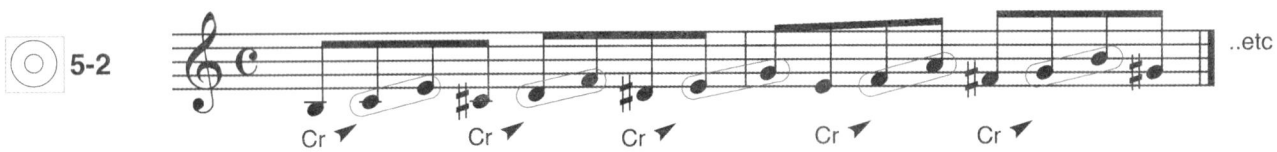

Exemplos de construção melódica usando intervalos de quarta:

Exemplo 22

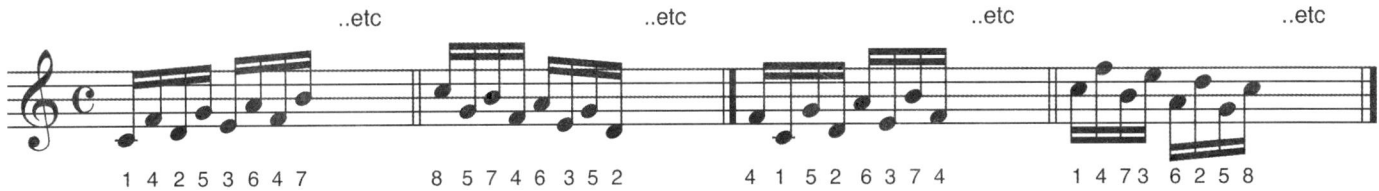

Exemplo de frase baseada em intervalos de quartas, com a inserção de uma nota auxiliar:

Exemplo 23   5-3

*"Num certo sentido, toda arte é improvisação. Algumas improvisações são apresentadas no momento em que nascem, inteiras e de repente; outras são 'improvisações estudadas', revisadas e reestruturadas durante certo tempo antes que o público possa desfrutá-las".*
Stephen Nachmanovitch

## Alguns exercícios baseados nas escalas maiores

Os exercícios seguintes são baseados em diferentes articulações da escala Maior. Estão escritos em diferentes tonalidades para estimular a prática e o conhecimento de todas elas. Sugiro praticar a transposição de cada exercício em vários tons. Utilizar um metrônomo (começar de 56 a 86 bpm por grupo de quatro notas).

# Capítulo 1 - Considerações sobre o campo harmônico diatônico maior e correlação escala/acorde

## 7. CONSIDERAÇÕES SOBRE A IMPROVISAÇÃO HORIZONTAL

Como já exposto, com o termo improvisação horizontal indica-se a improvisação baseada na correlação escala/acorde. Um dos objetivos é, por exemplo, o de evidenciar escalas comuns a dois ou mais acordes. Isso se revela útil especialmente quando estamos diante de sequências de acordes que pertencem ao mesmo campo harmônico diatônico. Este é o caso, por exemplo, da música *Autumn Leaves* (Estrutura Harmônica n°1) em que, nos primeiros 5 compassos, pode-se pensar em uma única escala: B♭ Maior.

Exemplo 24

...etc

Qual é o limite disso? Já foi dito que usar as notas da escala sem considerar as notas "R" e "T" de cada acorde, pode levar a resultados banais ou fracos. O uso de escalas ascendentes e descendentes pode resultar cansativo se não for bem dosado. Então, o uso de cromatismos e a combinação de notas por intervalos, como as apresentadas nos exemplos de 13 a 17, ajuda a tornar o material mais interessante. Mais uma vez ressalta-se que a mistura das técnicas verticais e horizontais é saudável, e é o que parece acontecer, normalmente, nos solos dos improvisadores. Quando a sequência dos acordes não é diretamente reconduzível ao campo harmônico diatônico, a abordagem vertical pode ajudar bastante.

Analise o exemplo seguinte: quanto do pensamento da frase é horizontal e quanto é vertical?

Exemplo 25

### CONSIDERAÇÕES SOBRE O ESTUDO DE EXERCÍCIOS E PADRÕES MELÓDICOS

Existem inúmeros livros contendo exercícios e padrões melódicos sobre a sequência **II-V-I**. Os exercícios servem como base de estudo cotidiano para o desempenho técnico no instrumento e para a memorização de frases. É importante ressaltar que os exercícios, em si, não são suficientes para a criação de bons improvisos. Por outro lado, a análise de inúmeras improvisações revela a presença de sequências que podem ser sistematizadas para o estudo, a fim de praticar uma determinada linguagem melódica. Os padrões melódicos e as frases derivadas das gravações, são bem úteis porque instruem a respeito do léxico de um determinado gênero musical. Porém, não podemos pensar em reduzir o solo a uma execução de padrões melódicos. É útil estudar os exemplos de composição melódica para absorver os princípios compositivos. Neste momento não serão apresentados outros padrões melódicos sobre a sequência **II-V-I**. Convido o leitor a procurar as suas frases em dois lugares diferentes. O primeiro é nos solos de músicos de sua referência. É importante, então, achar frases interessantes e analisá-las, a fim de entender o seu funcionamento, como no caso de um escritor, que precisa ler livros de outros autores. Isso faz parte da própria atividade de compositor, e é através dessas análises que são geradas novas idéias. O segundo lugar em que sugiro procurar as frases é dentro de si mesmo; ou seja: crie as suas frases.

# CLICHÊS HARMÔNICOS, DOMINANTES SECUNDÁRIAS E ACORDE Sub V7

## 1. CLICHÊS HARMÔNICOS

Chama-se de clichê harmônico uma sequência de acordes recorrente. Devido a essa característica, é útil conhecer tais sequências, para aprendermos a lidar com elas.

### MOVIMENTOS TONAIS DE ACORDES POR QUINTAS DESCENDENTES

É possível ordenar o campo harmônico diatônico de C Maior de forma que as fundamentais dos acordes estejam ligadas, desde o primeiro até o último acorde, por intervalos de quintas descendentes. A partir daqui, isolamos alguns clichês harmônicos, como mostra a figura abaixo.

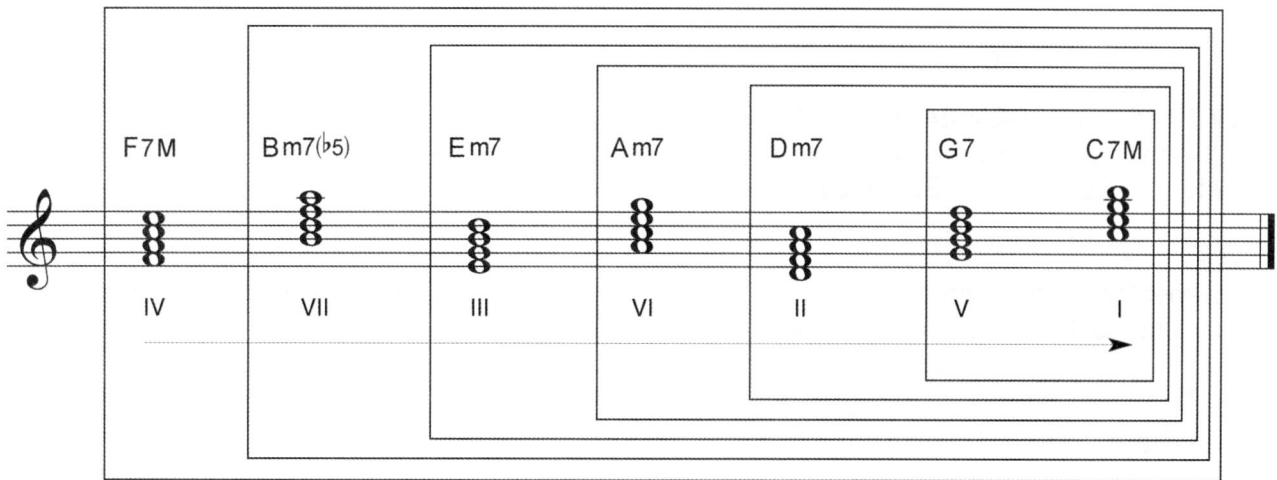

Podemos dizer que, no sistema tonal, o clichê harmônico mais simples é a sequência **V7-I**. Esse movimento se indica assim:

   A seta indica: a) movimento de quinta descendente entre as fundamentais dos acordes; b) resolução de trítono.

Logo em seguida, encontramos o clichê **IIm7-V7-I**. Esse movimento se indica assim:

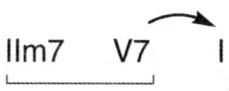   O colchete indica: a) movimento de quinta descendente entre as fundamentais dos acordes; b) não tem resolução de trítono; c) indica um acorde m7 que vai para um acorde dominante.

Seguindo a ordem, encontramos o clichê **VIm7-IIm7-V7-I**. Este será tratado de forma específica no próximo capítulo.

OUTROS CLICHÊS HARMÔNICOS

Outras sequências recorrentes de acordes baseadas no critério das quintas descendentes são:

IIIm7 - VI7 - IIm7 - V7 - I

VIIm7(b5) - III7 - VIm7 - IIm7 - V7 - I

#IVm7(b5) - VII7 - IIIm7 - VI7 - IIm7 - V7 - I

#IVm7(b5) - VII7 - IIIm7(b5) - VI7 - IIm7(b5) - V7 - I

## 2. MOVIMENTOS CADENCIAIS SECUNDÁRIOS

Constatamos que, os clichês acima apresentados contêm algumas alterações em relação ao campo harmônico diatônico. Essas alterações se dão para criar:

- a) movimentos de dominantes secundárias (como no caso em que o **VIm7** se transforma em **VI7**, dominante secundário do **IIm7**). Veja o próximo exemplo (em C Maior):

Exemplo 26

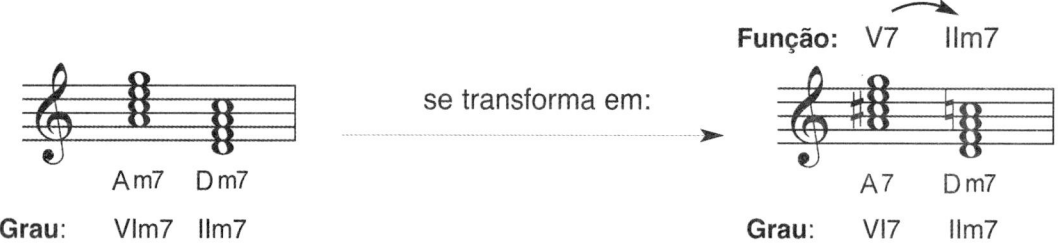

- b) movimentos cadenciais secundários completos (**II-V** secundários, por exemplo os acordes abaixo Em7 - A7 criam uma cadência secundária completa que resolve no **II**). Veja o exemplo em C Maior:

Exemplo 27

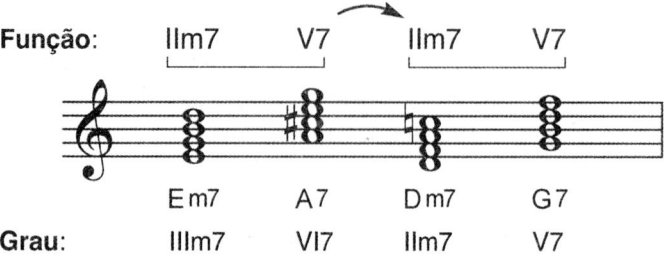

Para o improvisador é muito útil entender as relações harmônicas entre os acordes, a fim de desfrutar todas as possibilidades oferecidas pela circunstância.

A substituição, no exemplo 26, de Am7 por A7, com o objetivo de criar um movimento cadencial secundário, implica uma alteração na escolha das escalas a serem usadas melodicamente. Normalmente, em uma sequência por quintas descendentes que contém os acordes originais do campo harmônico diatônico, as escalas são:

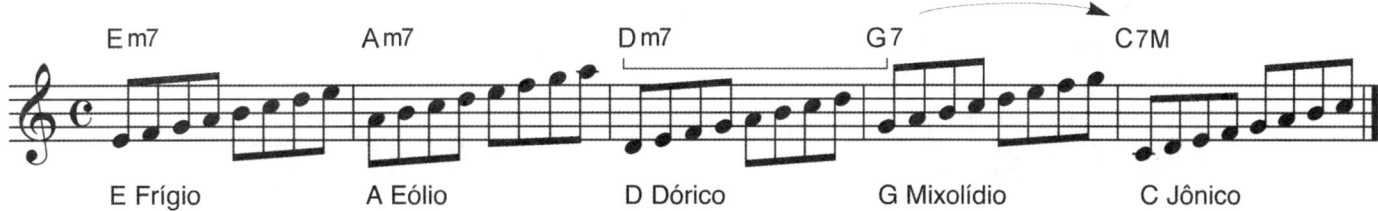

Nesse ponto, pode-se interpretar a substituição do Am7 com A7 de duas formas. A primeira é considerar os dois movimentos Em7-A7 e Dm7-G7 como dois clichês harmônicos **IIm7-V7** que distam um tom um do outro. Em7-A7 está um tom acima de Dm7-G7:

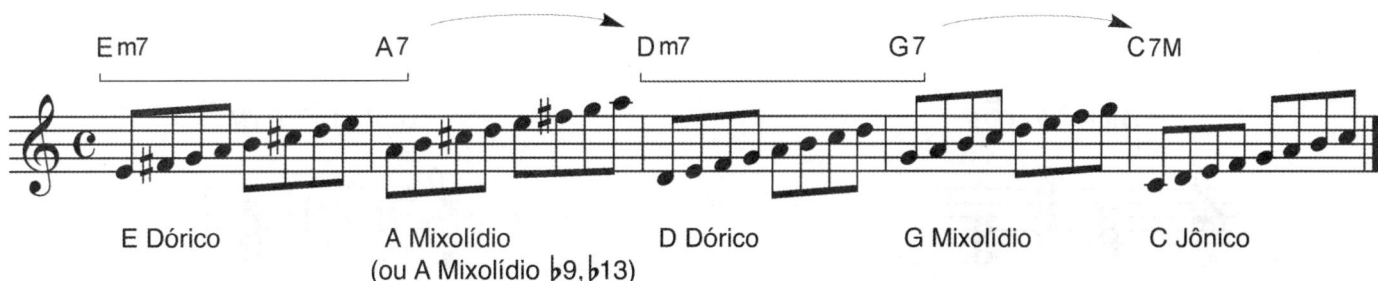

Outra forma de interpretar a sequência é considerar os acordes **IIIm7-VI7** como cadência secundária que resolve no **IIm7**. A escala do acorde A7, que é nesse caso **V7** do **IIm7** é, normalmente, a escala Mixolídia ♭9, ♭13. Essa escala pertence ao campo harmônico diatônico da escala Menor Harmônica, e será tratada no capítulo 6 desse livro.

Normalmente, a cadência **II-V-I** em menor, seja ela primária ou secundária, é caracterizada por um segundo grau meio diminuto. Compare:

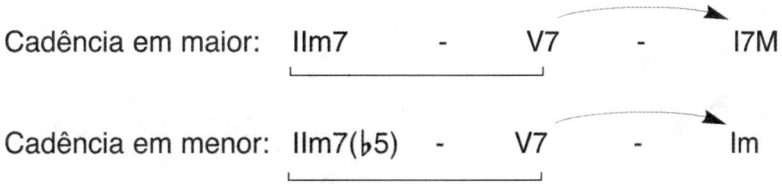

O campo harmônico diatônico maior não contém a cadência em menor **IIm7(♭5)-V7-Im**. Essa cadência deriva do campo harmônico diatônico da escala Menor Harmônica. As escalas a serem usadas, portanto, são derivadas de outras escalas primárias, diferentes da escala maior aqui apresentada. Isso será tratado mais adiante. A alteração de alguns acordes da sequência por quintas descendentes do campo harmônico diatônico maior gera outras relações harmônicas e escalas. Entender a funcionalidade dos acordes se torna necessário para praticar a abordagem horizontal à improvisação.

## 3. O ACORDE SubV7 E SUA APLICAÇÃO NA COMPOSIÇÃO MELÓDICA

Existe um acorde que se encontra frequentemente: o acorde **SubV7**, que significa "acorde substituto do **V7**". De fato, o acorde de dominante pode ser substituído por outro acorde, também de dominante, com a seguinte característica:

Exemplo 28

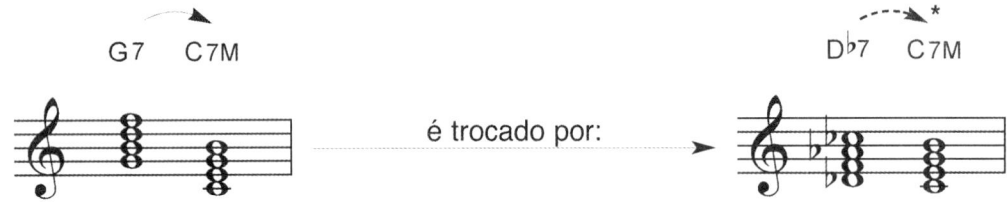

*(O movimento Subv7-I se indica, de praxe, com uma seta pontilhada).

Os dois acordes, G7 e Db7, contêm, enarmonicamente, o mesmo trítono[1] (Fá-Si no caso de G7, Fá-Dób no caso de Db7). Observe que as fundamentais dos acordes de dominante (no exemplo G7) e do acorde **SubV7** (no exemplo Db7) distam um trítono um do outro. O acorde **SubV7** se usa, muitas vezes, para ter uma sonoridade mais rica, menos óbvia do que a do acorde original. De fato, o **SubV7** introduz algumas notas estranhas ao campo harmônico da tonalidade. Aplicação do **SubV7** na cadência **II-V-I**:

Exemplo 29

**(O movimento IIm7-Subv7 se indica, de praxe, com um colchete pontilhado).

O uso do **SubV7** cria um movimento cromático descendente no baixo: **II-bII-I**. A resolução do acorde **SubV7** se acha, portanto, um semitom abaixo.

Qualquer acorde de dominante que resolve uma quinta abaixo pode ser substituído pelo próprio **SubV7**. Isso implica que também as dominantes secundárias podem ser substituídas pelo próprio **SubV7**:

Exemplo 30

---

[1] O termo trítono indica um intervalo de três tons inteiros. A distância entre as duas notas guias de um acorde de dominante é de um trítono. Quando se fala de trítono em um acorde de dominante se está indicando o intervalo composto pelas notas 3 e b7 deste.

## Capítulo 2 - Clichês harmônicos, dominantes secundárias e acorde Sub V7

Se o contexto musical permitir, os acordes com função de IIm7 (primário ou secundário), correlatos ao **SubV7**, também podem ser substituídos pelo próprio Sub (por exemplo: Dm7 pode ser substituído por A♭m7. Isso cria novamente uma relação de quinta descendente com o acorde **SubV7**).

**Exemplo 31**

Dm7 D♭7 C7M     vira:     A♭m7 D♭7 C7M

As substituições podem se dar:
a) na re-harmonização de um tema dado; nesse caso as substituições de acordes devem ser compatíveis com as notas da melodia;
b) na composição de um tema em que se esteja buscando caminhos harmônico-melódicos mais elaborados; em ambos os casos é útil o improvisador entender qual é a lógica do percurso harmônico, para elaborar por sua vez a própria composição melódica;
c) a substituição pode também se dar somente na improvisação, ou seja, apenas na linha melódica, mantendo os acordes originais na harmonia.

### O ACORDE SUBV7 NA IMPROVISAÇÃO

A escala a ser aplicada no acorde **SubV7** é, normalmente, uma escala dominante com o quarto grau aumentado (escala Mixolídia ♯4, chamada, também, Lídia ♭7; essa escala é derivada da escala Menor Melódica e será tratada no capítulo 6; no entanto, aqui aprendemos que sobre os acordes **SubV7** usa-se essa escala). As escalas da sequência **IIm7-SubV7-I7M** são, portanto:

Dm7 — D♭7 — C7M

D Dórico     D♭ Mixolídio ♯4     C Jônico

Em termos melódicos, em uma cadência **V7-I**, pode-se trocar a escala do **V7** (Mixolídia) pela escala do **SubV7** (Mixolídia ♯4), mesmo mantendo o acorde original. Veja a próxima figura:

G7 — C7M

A nova escala D♭ Mixolídia ♯4 contém as mesmas notas guias de G7 (lembre-se que um acorde de dominante e seu SubV7 contêm o mesmo trítono). A nova escala contém, também, a nota fundamental do acorde de G7. Portanto, as principais notas do acorde estão presentes. As outras notas são alterações (♭5, ♯5, ♭9, ♯9). Pode-se dizer então que, quando diante de uma cadência **IIm7-V7-I7M**, melodicamente é possível trocar a escala do V7 pela escala do SubV7, mesmo que um acompanhador mantenha os acordes originais. Trata-se de uma sobreposição melódica. Abaixo, alguns exemplos de improvisação em uma cadência:

Exemplo 32

a) Dm7 | G7 | C7M

b) Cm7 | F7 | B♭7M

c) Cm7 | F7 | B♭7M

### COMO SIMPLIFICAR O RACIOCÍNIO

Para simplificar a substituição, na hora de improvisar, pode-se pensar apenas nas notas da tríade do acorde **SubV7**. No exemplo 33, o F7 é trocado pela tríade de B. É interessante pensar que a tríade maior substituta permite aplicar as notas da fórmula n°6: 1-**2**-3-5 e suas combinações, apresentada no Volume 1.

Exemplo 33

Cm7 | F7 (tríade de B) | B♭7M

Outro exemplo em que se evidencia a abordagem através da tríade do **SubV7**:

Exemplo 34  ◯ 6

Dm7 | G7 (tríade de D♭) | C7M

## O CÍRCULO DAS QUINTAS COM A ADOÇÃO DO SubV7

O círculo das quintas pode representar, geometricamente, uma sucessão de acordes cujas notas fundamentais distam uma quinta entre uma e outra. Observamos que três acordes em seguida no círculo, representam, então, uma sequência **II-V-I** (por exemplo, a sucessão das letras E-A-D pode representar as fundamentais dos acordes da sequência Em7-A7-D7M).

Considerando um círculo composto por acordes de dominante e trocando um acorde a cada dois pelo próprio **SubV7**, se obtém uma sequência de acordes cujas fundamentais distam uma segunda menor entre uma e outra:

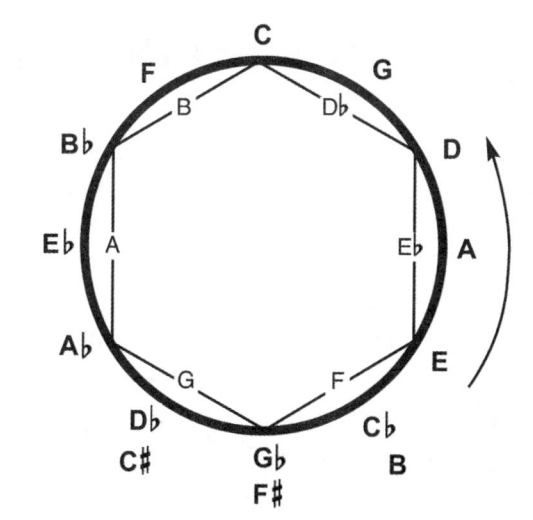

Assim, a sequência original do círculo das quintas (quintas descendentes):

C7  F7  B♭7  E♭7  A♭7  D♭7  G♭7  B7  E7  A7  D7  G7

pode ser transformada em:

C7  (B7)  B♭7  (A7)  A♭7  (G7)  G♭7  (F7)  E7  (E♭7)  D7  (D♭7)

ou, ainda, em:

(G♭7)  F7  (E7)  E♭7  (D7)  D♭7  (C7)  B7  (B♭7)  A7  (A♭7)  G7

O que significa que é possível criar ciclos melódicos tais como:

**Exemplo 35**

[partitura: C7  B7  B♭7  A7  A♭7  G7  ...etc]

**Exercício n° 22**. A faixa n°7 do CD propõe uma sequência de acordes de dominante descendentes cromaticamente, de forma parecida ao exemplo 35 acima. Pratique a improvisação livremente (**V7-SubV7**).

**Exercício n° 23**. A faixa n°8 do CD propõe uma sequência de acordes de forma parecida ao exemplo 36. Pratique a improvisação sobre essa sequência (**IIm7-SubV7**).

**Exemplo 36**

[partitura: Cm7  B7  B♭m7  A7  A♭m7  G7  ...etc]

# 3. TURNAROUNDS: FORMAS, ESCALAS E APLICAÇÕES

Chama-se de *turnaround* uma sequência composta pelos acordes **I7M - VIm7 - IIm7 - V7**. Essa sequência pode sofrer algumas substituições ou alterações de acordes; as mais comuns são apresentadas nas próximas páginas. Aqui em seguida, o exemplo do *turnaround* na sua forma original, na tonalidade de Dó:

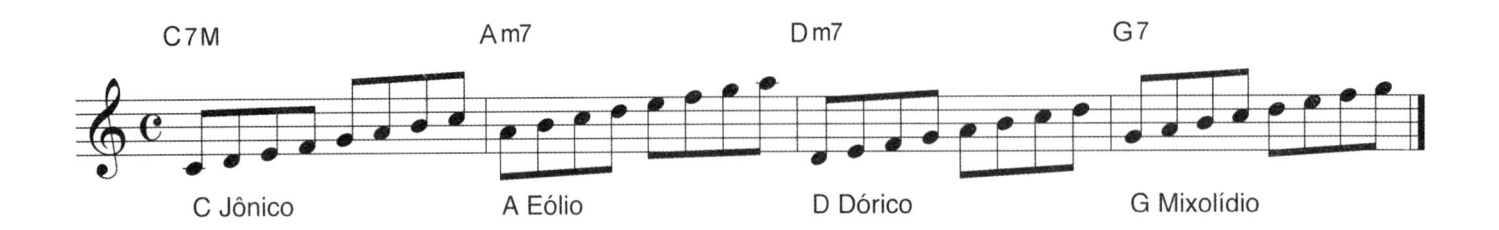

| C7M | Am7 | Dm7 | G7 |

C Jônico — A Eólio — D Dórico — G Mixolídio

## 1. APLICAÇÕES DO *TURNAROUND*

O termo *turnaround* pode ser traduzido em português como "rodar em volta". Realmente esta sequência de acordes pode ser tocada de forma cíclica, repetindo-se várias vezes do começo ao fim.

O *turnaround* é um clichê harmônico que pode ser encontrado em diferentes situações:

**1)** Pode constituir a harmonia -ou parte dela- de inúmeras músicas, entre as quais, por exemplo: *Anos dourados* (T. Jobim e C. Buarque), *Cotton Tail* (D. Ellington), *Eu não existo sem você* (T. Jobim e V. de Moraes), *Senza fine* (G. Paoli), *A História de Lily Braun* (E. Lobo e C. Buarque).

**2)** Pode ser usado como introdução naquelas músicas que começam pelo acorde de tônica. Músicas como *Eu não existo sem você* (T. Jobim e V. de Moraes), *All of me* (G. Simons), *Take the "A" train* (D. Ellington), *A Foggy Day* (G. Gershwin), *La Vie en Rose* (E. Piaf), *Garota de Ipanema* (T. Jobim e V. de Moraes) e inúmeras outras, podem ser introduzidas por esta sequência de acordes.

**3)** Pode ser encontrado nos finais das músicas que terminam no acorde de tônica e recomeçam pelo mesmo acorde. Nesse caso o *turnaround* serve para criar riqueza harmônica. No blues, por exemplo, o *turnaround* pode ser colocado nos últimos dois compassos (veja o blues *be-bop*, capítulo 7, Volume I).

Os últimos dois compassos de *All of Me*:

**Exemplo 37**

    acordes originais:   | C6        | C6        | podem ser trocados por:
    *turnaround*:         | C6 Am   | Dm7 G7 |

**4)** Ainda, o *turnaround* pode ser usado em algumas músicas para enriquecer uma harmonia mais simples. Por exemplo, na música *Garota de Ipanema*, os acordes do sétimo e oitavo compassos podem ser:

**Exemplo 38**

    acordes originais:   | F7M      | G♭7      | podem ser trocados por:
    *turnaround*:         | F7M Dm7 | Gm7 C7 |

## 2. ALTERAÇÕES DO *TURNAROUND*

A sequência do *turnaround* pode apresentar várias alterações harmônicas. Aqui abaixo se destacam as principais:

a) O **VIm7** torna-se dominante, criando uma dominante secundária:

|              | I7M | VI7 | IIm7 | V7 |
|---|---|---|---|---|
| exemplo em C: | C7M | A7  | Dm7  | G7 |

b) O **IIm7** pode se transformar em **II7**, dominante secundária:

|              | I7M | VI7 | II7 | V7 |
|---|---|---|---|---|
| exemplo em C: | C7M | A7  | D7  | G7 |

c) O **VI7**, trocado pelo próprio **SubV7**, gera a sequência:

|              | I7M | ♭III7[1] | IIm7 | V7 |
|---|---|---|---|---|
| exemplo em C: | C7M | E♭7      | Dm7  | G7 |

d) O **II7**, trocado pelo próprio **SubV7**, gera a sequência:

|              | I7M | VI7 | ♭VI7 | V7 |
|---|---|---|---|---|
| exemplo em C: | C7M | A7  | A♭7  | G7 |

e) Os **VI7** e o **V7** trocados pelos próprios **SubV7**, geram a sequência:

|              | I7M | ♭III7 | II7 | ♭II7 |
|---|---|---|---|---|
| exemplo em C: | C7M | E♭7   | D7  | D♭7  |

f) Os **VI7**, **II7** e **V7**, trocados pelos próprios **SubV7**, geram a sequência[2]:

|              | I7M | ♭III7 | ♭VI7 | ♭II7 |
|---|---|---|---|---|
| exemplo em C: | C7M | E♭7   | A♭7  | D♭7  |

---

(1) Na música popular brasileira usa-se bastante o ♭III° no lugar do ♭III7.
(2) Note que, quando alguns acordes de dominante em relação de quinta descendente (como no caso dos acordes VI-II-V) são trocados pelos próprios **SubV7**, estes últimos também apresentam-se em relação de quinta descendente.

O uso de uma ou outra forma de *turnaround* depende do contexto e do gosto musical. *Turnarounds* que apresentam acordes **SubV7** são geralmente mais "fortes", isto é, contêm mais tensões. Esses podem não se adaptar a contextos musicais mais simples.

Colocando os acordes do *turnaround* de forma diferente, se obtém a sequência **VIm7-IIm7-V7-I**, que representa um trecho do campo harmônico maior ordenado por quintas descendentes.

Outra forma de ver o *turnaround* é esta: **IIIm7- VIm7- IIm7 - V7**. O IIIm7 é um acorde que pode substituir o **I7M** (**IIIm7** pertence à família de Tônica). Observe que a sequência, também representa um trecho do campo harmônico maior ordenado por quintas descendentes.

## 3. ANÁLISE DE UM TRECHO MUSICAL E CONSIDERAÇÕES MELÓDICAS

A harmonia da música *Samba de uma nota só* (T. Jobim) oferece a oportunidade para algumas considerações. Aqui é tratada a análise harmônica dos primeiros oito compassos da música. Nesse exemplo, a tonalidade da música é G Maior. Embaixo das cifras está a análise funcional dos acordes:

Exemplo 39  Os primeiros acordes da música:

|Bm7      |B♭7(♯11) |Am7   |A♭7(♯11) |Bm7    |B♭7(♯11) |Am7   |A♭7(♯11) |
|IIIm7    |SubV7    |IIm7  |SubV7/I  |IIIm7  |SubV7    |IIm7  |SubV7/I  |

A sequência original do *turnaround* (sem substituições de acordes: IIIm7-VIm7-IIm7-V7) na tonalidade de Sol, seria:

Exemplo 40

|Bm7    |Em7   |Am7   |D7    |Bm7    |Em7   |Am7   |D7    |
|IIIm7  |VIm7  |IIm7  |V7/I  |IIIm7  |VIm7  |IIm7  |V7/I  |

Jobim troca os acordes **VIm7** (Em7, este poderia ser previamente transformado em E7) e **V7** (D7) pelos próprios **SubV7**. Uma sequência aparentemente complicada de se analisar acha sua explicação na sofisticação, através de **SubV7**, do campo harmônico diatônico ordenado por quintas descendentes. As escalas para o improviso são:

Exemplo 41

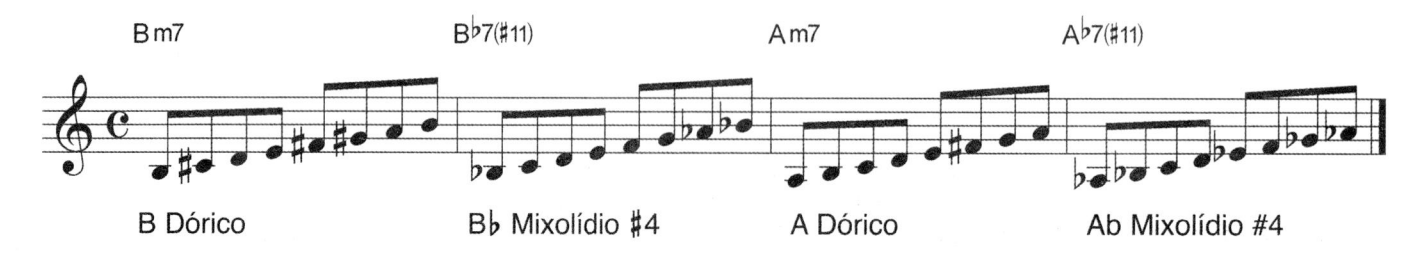

Bm7 — B Dórico
B♭7(♯11) — B♭ Mixolídio ♯4
Am7 — A Dórico
A♭7(♯11) — A♭ Mixolídio ♯4

Capítulo 3 - Turnarounds: formas, escalas e aplicações

Pode-se notar que o terceiro e quarto compassos da música são a repetição, um tom abaixo, dos dois primeiros. Portanto, uma frase construída sobre as duas primeiras escalas, pode ser repetida, um tom abaixo, nos outros dois compassos. Por exemplo:

Exemplo 42  ⊙ 9

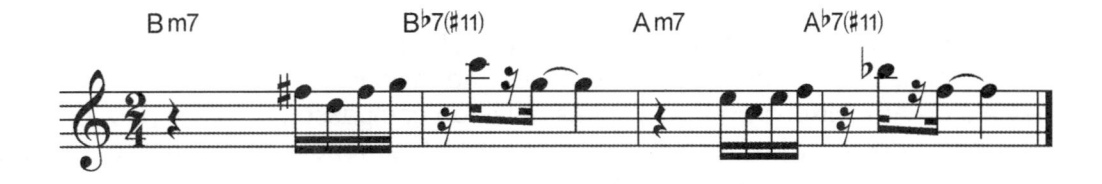

Existe uma só nota comum às quatro escalas: o Ré, que é, justamente, a "nota só" que o compositor usou para compor o tema. Outras notas são comuns a dois ou mais acordes. Por exemplo, as notas Mi e Sol são comuns aos primeiros três acordes; essas notas podem representar o eixo melódico através do qual é possível ligar os acordes para dar continuidade melódica aos improvisos.

Exemplo 43  Solo sobre a sequência harmônica Bm7 - B♭7(♯11) - Am7 - A♭7(♯11)   ⊙ 10

**Análise do solo:**

- Compassos 1-4: são baseados em uma célula rítmico-melódica que se repete (antecedente e consequente). Repare como os primeiros três acordes são alcançados através de uma nota melódica em comum com o acorde anterior. A frase é baseada na pentatônica maior de Sol, que é a tonalidade da música. No compasso 4, o trecho melódico cria um "OUT", ou seja, está fora das notas do acorde de A♭7; porém esse trecho, que é uma lógica consequência dos primeiros dois compassos, possui uma coerência melódica tal que o "OUT" não incomoda.
- Compassos 5-11: usam uma sonoridade blues. A escala de referência é a escala Blues de G. Nesses compassos foi aplicado um pensamento horizontal de sobreposição melódica.
- Compasso 12: escala de A♭7 Mixolídio ♯4. As últimas notas do compasso preparam para o Bm7.
- Compassos 13-16: notas dos acordes. A célula do compasso 15 se repete no compasso 16, adaptando-se ao novo acorde.
- Compassos 18-19: cromatismos que resolvem no Lá natural do compasso 19.
- Compasso 20: escala de A♭7 Mixolídio ♯4. As últimas notas do compasso preparam para o Bm7.
- Compassos 21-22: células rítmico-melódicas baseadas na tríade de G Maior resolvem na nota Dó do compasso 23, onde se prepara uma escala descendente de A♭7 Mixolídio ♯4, que se desenvolve no compasso 24.
- Compassos 25-26: Fragmentos de G pentatônico.

*"Você toca exatamente da forma que você ouve.
Se quiser mudar a sua forma de tocar, tem que mudar
a forma como você sente a música. Não pode fazer
uma ação sem que o cérebro a processe.
A técnica está no cérebro, não nas mãos".*
Madame Chaloff

# ESTRUTURAS SUPERIORES (1ª PARTE)

## 1. ESTRUTURAS SUPERIORES DERIVADAS DA ESCALA MAIOR

Neste capítulo é apresentada uma forma de utilizar o material melódico derivado pelas escalas tratadas no capítulo 1. Trata-se de uma técnica para abordar a improvisação, baseando-se na correlação escala-acorde de uma forma diferente. A técnica consiste em isolar (exclusivamente) tríades maiores que "representem" cada escala do campo harmônico maior (Jônica, Dórica, Frígia..etc). As tríades maiores são, então, consideradas como blocos sonoros sobrepostos ao acorde/escala. Observamos na figura abaixo que da escala de C Jônico é possível extrair a tríade de G. Daí podemos considerar que, quando diante de um acorde de C7M que prevê o uso da escala de C Jônico, podemos sobrepor, tanto harmonicamente quanto melodicamente, a tríade de G.

Cada tipologia de escala pode ser representada por tríades maiores "alternativas" sobrepostas, que trazem uma sonoridade diferente. A vantagem da abordagem proposta, reside na possibilidade de se construir frases baseadas em elementos "verticais" a partir de outro ponto que não seja a fundamental do acorde, evidenciando assim, sonoridades diferentes. Revela-se interessante o fato da fundamental da tríade "alternativa" se apresentar defasada em relação à fundamental do acorde "real".

Na tabela abaixo, são evidenciadas as tríades maiores "alternativas" que melhor podem representar cada escala do campo harmônico diatônico maior. Repare como, mesmo quando se trata de uma escala menor (Dórica, Frígia, etc), é possível isolar tríades maiores a partir das notas que compõem cada escala (todos os exemplos a partir da fundamental Dó):

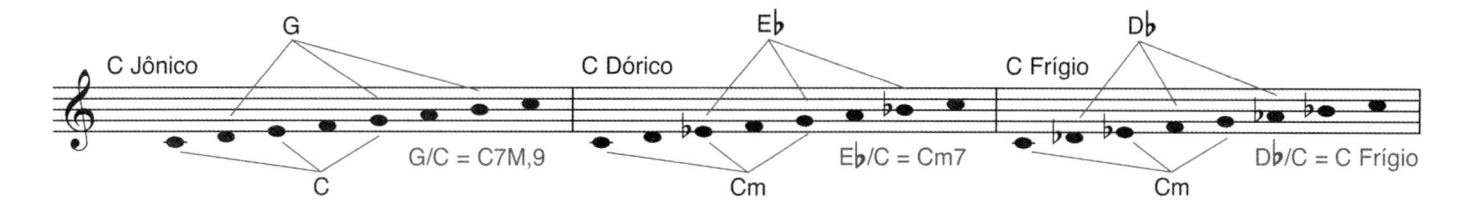

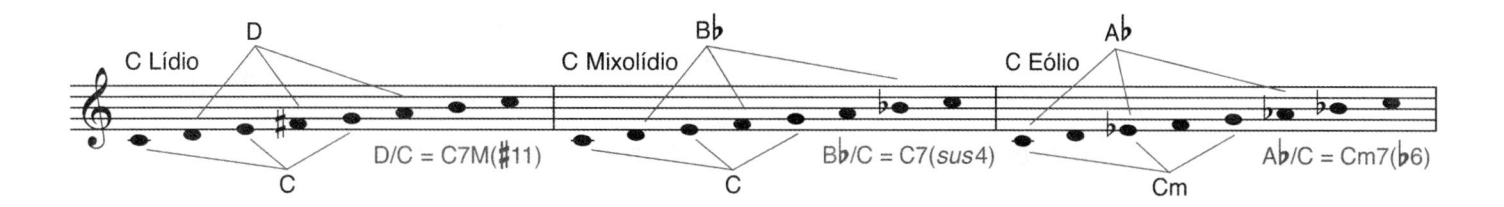

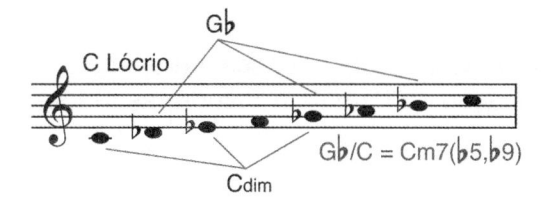

C Jônico: G/C = C7M,9 — C
C Dórico: E♭/C = Cm7 — Cm
C Frígio: D♭/C = C Frígio — Cm
C Lídio: D/C = C7M(♯11) — C
C Mixolídio: B♭/C = C7(sus4) — C
C Eólio: A♭/C = Cm7(♭6) — Cm
C Lócrio: G♭/C = Cm7(♭5,♭9) — Cdim

Cada tipologia de escala representada na tabela acima contém, também, outras tríades maiores alternativas; essas serão tratadas no capítulo 8. A escolha praticada aqui é a das tríades mais representativas de cada escala.

Às tríades "alternativas", dá-se o nome de tríades superiores (ou estruturas superiores). Pode-se considerar que elas são formadas pelas extensões da escala/acorde até a 13ª. O exemplo seguinte evidencia a existência de duas tríades maiores superiores na escala de C Jônico: G e F. No caso do I7M/Jônico não consideramos a tríade maior de F como representativa porque contém o 4° grau, nota "não harmônica" nesse tipo de acorde.

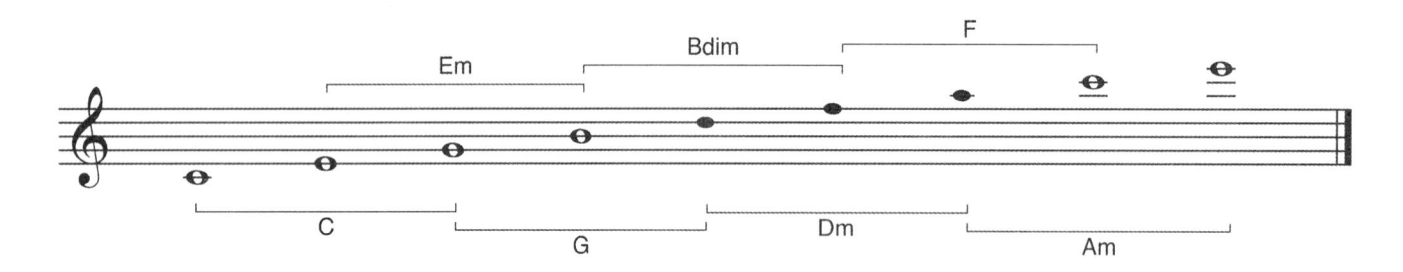

Qualquer tríade superior alternativa apresentada neste capítulo pode ser acrescentada pelo próprio 2° grau. Dessa forma, pode-se aplicar às tríades a fórmula n°6 e suas combinações (veja Volume 1). Os próximos exemplos, de 44 a 54, são baseados neste critério.

### ANÁLISE DA TABELA APRESENTADA E SUA APLICAÇÃO

Analiso aqui em detalhe cada escala da tabela da página anterior e apresento alguns exemplos relativos a cada modo (todos os exemplos em Dó):

I. **Escala Jônica**: além da tríade construída sobre o 1° grau, a escala contém as notas que compõem a tríade do V grau (no exemplo em Dó as tríades são C + G). A aplicação da fórmula n°6 e suas combinações às duas tríades, oferece a possibilidade de criar uma frase deste tipo:

Exemplo 44

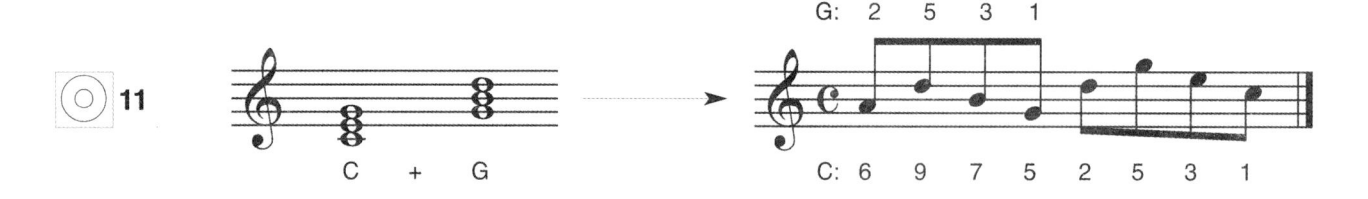

II. **Escala Dórica**: pode ser representada pela tríade maior que se forma sobre o bIII da escala (na tabela, a tríade de E♭ está contida na escala de C Dórico). Um exemplo de aplicação da fórmula n°6 sobre as tríades de E♭ e de Cm:

Exemplo 45

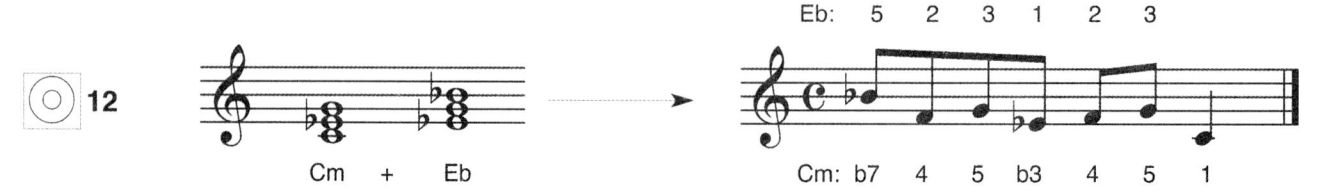

Capítulo 4 - Estruturas superiores (I)

As tríades superiores, obviamente, podem ser combinadas com as notas do próprio acorde ou com as escalas. Ressalta-se que o uso das tríades superiores representa apenas uma maneira de dispor o material melódico, com o objetivo de construir frases "verticais" a partir de um determinado ponto diferente da fundamental da escala.

III. **Escala Frígia**: é representada por uma tríade maior que se constrói sobre o ♭II da escala (na tabela, a tríade de D♭ está contida na escala de C Frígio). Um exemplo de aplicação da fórmula n°6 à tríade sobre o ♭II:

Exemplo 46

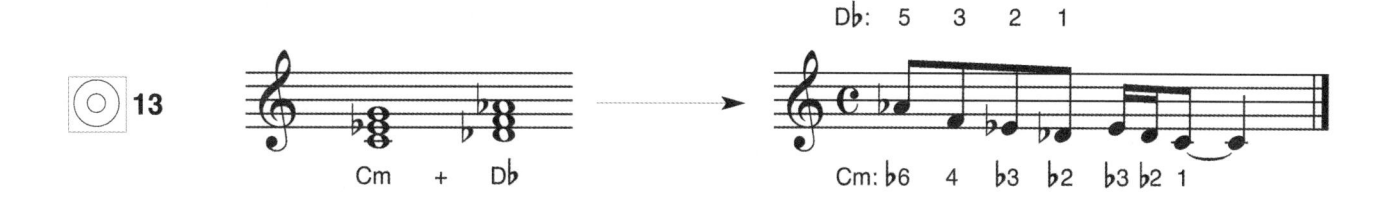

IV. **Escala Lídia**: a tríade que a representa é a que se forma sobre o II grau da escala (na tabela, a tríade de D sobre C Lídio). Um exemplo de fraseado sobre C Lídio:

Exemplo 47

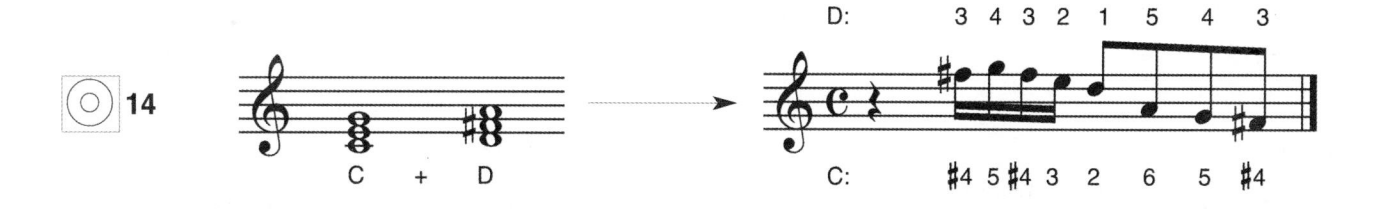

V. **Escala Mixolídia**: a tríade maior "alternativa" que se acha dentro da escala Mixolídia é a que se forma sobre o ♭VII da escala (na tabela, a tríade de B♭ sobre C Mixolídio). A sonoridade que se obtém é a de um dominante *sus* 4. O acorde de dominante pode oferecer diferentes alterações, escalas e tríades superiores a serem usadas, que serão tratadas sucessivamente. Aqui um exemplo de fraseado sobre C7*sus* 4:

Exemplo 48

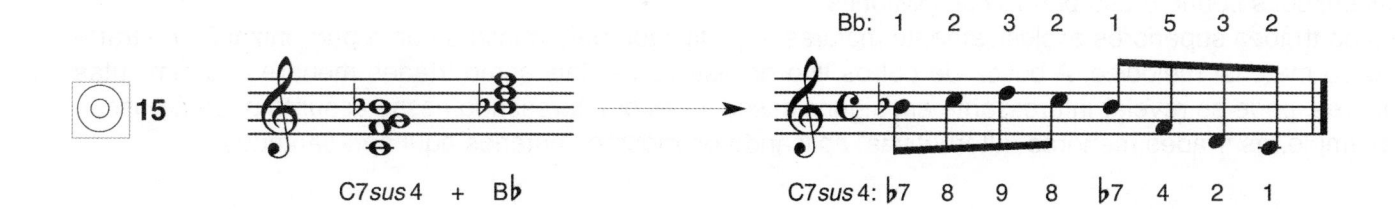

VI. **Escala Eólia**: pode ser representada pela tríade maior que se forma sobre o ♭VI da escala (na tabela, a tríade de A♭ está contida na escala de C Eólio). Um exemplo de fraseado sobre C Eólio:

**Exemplo 49**

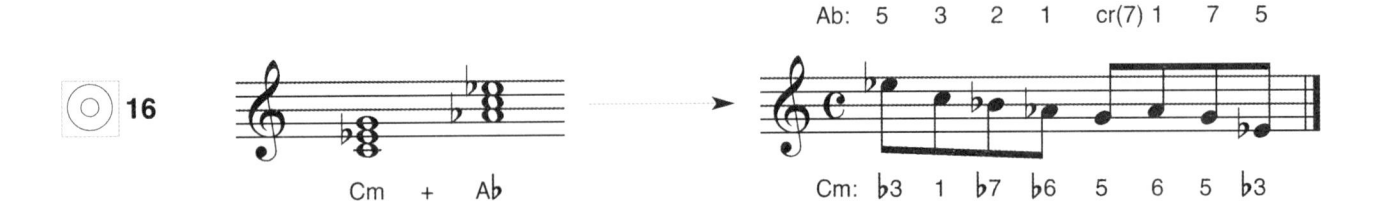

VII. **Escala Lócria**: pode ser representada pela tríade maior que se forma sobre o ♭V da escala (na tabela, a tríade de G♭ está contida na escala de C Lócrio). Um exemplo de fraseado sobre C Lócrio:

**Exemplo 50**

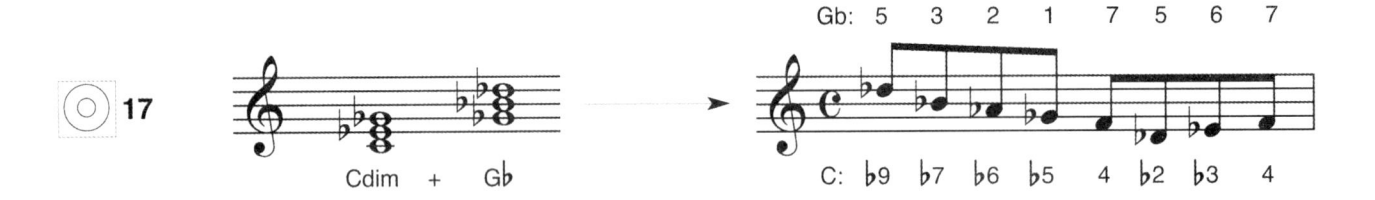

Resumindo:

| Escala | Tríade Maior sobre o grau |
|---|---|
| Jônica | V |
| Dórica | ♭III |
| Frígia | ♭II |
| Lídia | II |
| Mixolídia (sus 4) | ♭VII |
| Eólia | ♭VI |
| Lócria | ♭V |

Exemplo em C Maior:

| Escala | Tríades Maiores |
|---|---|
| Jônica | G |
| Dórica | E♭ |
| Frígia | D♭ |
| Lídia | D |
| Mixolídia (sus4) | B♭ |
| Eólia | A♭ |
| Lócria | G♭ |

**CONSIDERAÇÕES SOBRE O USO DAS TRÍADES MAIORES**

O uso de tríades superiores exclusivamente maiores, é justificado pela busca de uma padronização no tratamento do material melódico. A busca de outros tipo de estruturas, tais como tríades menores ou diminutas superiores, pode se revelar interessante em alguns casos. O leitor interessado nesse assunto poderá buscar, por exemplo, as tríades menores "alternativas" aplicando os mesmos critérios aqui apresentados.

Capítulo 4 - Estruturas superiores (I)

OUTROS EXEMPLOS BASEADOS NAS TRÍADES SUPERIORES E CONSIDERAÇÕES

Exemplo 51  Exemplos de fraseado em Dm Dórico

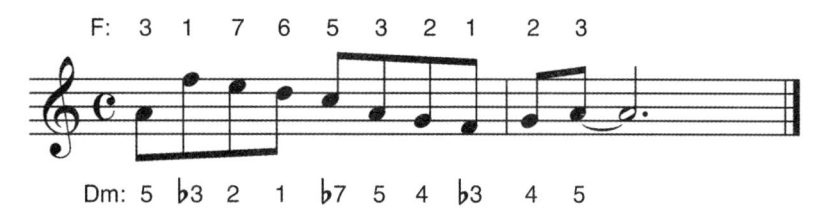

As tríades oferecem cores diferentes à improvisação, produzindo sonoridades bem modernas.

Exemplo 52  Abordagem horizontal aplicada a E Frígio

Exemplo 53  Abordagem vertical aplicada a E Frígio usando a tríade Maior sobre o ♭II

Exemplo 54  Aplicação das tríades superiores na **Estrutura Harmônica n°1**   18

Uma rápida análise do exemplo acima evidencia o uso das seguintes tríades superiores:
Cm7: tríade de E♭; F7: tríade de B; E♭M: tríade de F; Am7(♭5): tríade de E♭; D7alt: tríade de A♭ (essa tríade sobreposta será tratada no capítulo 8).

TABELAS DE COMPARAÇÃO ENTRE OS ACORDES ORIGINAIS E AS TRÍADES SOBREPOSTAS

### Escalas Jônicas

| Tríade sobreposta | G | C | F | B♭ | E♭ | G♯ | C♯ | F♯ | B | E | A | D |
|---|---|---|---|---|---|---|---|---|---|---|---|---|
| Acorde original | C7M | F7M | B♭7M | E♭7M | A♭7M | C♯7M | F♯7M | B7M | E7M | A7M | D7M | G7M |

### Escalas Dóricas

| Tríade sobreposta | E♭ | A♭ | D♭ | G♭ | C♭ | E | A | D | G | C | F | B♭ |
|---|---|---|---|---|---|---|---|---|---|---|---|---|
| Acorde original | Cm7 | Fm7 | B♭m7 | E♭m7 | A♭m7 | C♯m7 | F♯m7 | Bm7 | Em7 | Am7 | Dm7 | Gm7 |

### Escalas Frígias

| Tríade sobreposta | D♭ | G♭ | C♭ | F♭ | A | D | G | C | F | B♭ | E♭ | A♭ |
|---|---|---|---|---|---|---|---|---|---|---|---|---|
| Acorde original | Cm7 | Fm7 | B♭m7 | E♭m7 | A♭m7 | C♯m7 | F♯m7 | Bm7 | Em7 | Am7 | Dm7 | Gm7 |

### Escalas Lídias

| Tríade sobreposta | D | G | C | F | B♭ | E♭ | G♯ | C♯ | F♯ | B | E | A |
|---|---|---|---|---|---|---|---|---|---|---|---|---|
| Acorde original | C7M | F7M | B♭7M | E♭7M | A♭7M | D♭7M | F♯7M | B7M | E7M | A7M | D7M | G7M |

### Escalas Mixolídias

| Tríade sobreposta | B♭ | E♭ | A♭ | D♭ | G♭ | C♭ | E | A | D | G | C | F |
|---|---|---|---|---|---|---|---|---|---|---|---|---|
| Acorde original | C7 | F7 | B♭7 | E♭7 | A♭7 | D♭7 | F♯7 | B7 | E7 | A7 | D7 | G7 |

### Escalas Eólias

| Tríade sobreposta | A♭ | D♭ | G♭ | C♭ | F♭ | A | D | G | C | F | B♭ | E♭ |
|---|---|---|---|---|---|---|---|---|---|---|---|---|
| Acorde original | Cm7 | Fm7 | B♭m7 | E♭m7 | A♭m7 | C♯m7 | F♯m7 | Bm7 | Em7 | Am7 | Dm7 | Gm7 |

### Escalas Lócrias

| Tríade sobreposta | G♭ | C♭ | F♭ | A | D | G | C | F | B♭ | E♭ | A♭ | D♭ |
|---|---|---|---|---|---|---|---|---|---|---|---|---|
| Acorde original | C° | F° | B♭° | E♭° | A♭° | D♭° | F♯° | B° | E° | A° | D° | G° |

# 5 CONSTRUÇÃO DE SOLOS

## 1. SOBRE AS ABORDAGENS À IMPROVISAÇÃO

Como já dito, é possível evidenciar três abordagens à improvisação que remetem a técnicas diferentes. Vejamos:

- **Improvisação Vertical:** os acordes são o ponto de partida da composição melódica. As suas notas (os arpejos) são o centro ao redor do qual construímos elaborações, usando as técnicas de abordagem diatônico-cromática. O próximo exemplo mostra um trecho melódico baseado exclusivamente nos arpejos da Estrutura Harmônica n°2, compatível com a da música *Wave*, de T. Jobim:

**Exemplo 55a**

[Partitura: D7M | Bb° | Am7]

A vantagem principal da Improvisação Vertical é ser uma abordagem "segura", em que as notas dos acordes oferecem o máximo de coerência harmônica. É necessário prestar atenção para não produzir melodias "mecânicas" ou que saltem demais, tornando a improvisação pouco linear ou pouco interessante. As notas de Tensão-Resolução melódica apresentadas no Volume 1, assim como as estruturas superiores apresentadas no capítulo 4 deste Volume, podem ser usadas nesse tipo de abordagem à improvisação.

- **Improvisação Horizontal:** a relação escala/acorde é o ponto de partida. Nesse caso é importante conhecer as escalas que cabem sobre cada acorde. O próximo exemplo mostra uma melodia baseada nas notas das escalas da Estrutura Harmônica n°2:

**Exemplo 55b**

[Partitura: D7M | Bb° | Am7]

- **Improvisação Temática:** algum elemento do tema (ou alguma célula rítmico-melódica escolhida apropriadamente) constitui o ponto de partida. Nessa abordagem, a improvisação se constrói a partir desse elemento, que pode ser desenvolvido de várias formas (expansão, variação, reelaboração, etc). Por exemplo, podemos escolher uma célula baseada nas primeiras notas da música *Wave* e desenvolver uma melodia a partir dela:

[Partitura: D7M]

Exemplo 56  Desenvolvimento melódico a partir da célula escolhida

O improvisador, logicamente, usa a combinação das três abordagens apresentadas acima, misturando-as de forma variada, criativa e subjetiva, e dificilmente separa uma da outra.

## 2. IMPROVISAÇÃO TEMÁTICA: DESENVOLVIMENTO MELÓDICO MEDIANTE O USO DE CÉLULAS

As células rítmico-melódicas oferecem uma boa ferramenta para construir melodias "coerentes". Isso se dá graças ao desenvolvimento de uma idéia incial (a célula). A célula oferece o material a ser manipulado de várias formas, de modo a desenvolver um tema. O exemplo 57 oferece uma idéia de partida:

Exemplo 57  Célula rítmico-melódica a ser utilizada:

1) **Repetição.** Uma célula é repetida sempre igual ao longo de alguns acordes:

Exemplo 58

2) **Variação.** Uma célula rítmico-melódica, ou frase, é reapresentada de forma variada, adaptando-se ao novo acorde (transportando-a ou alterando sua conformação). Veja os exemplos abaixo:

Exemplo 59  Variação: alteração da altura das notas da célula

Exemplo 60  Variação: alteração da altura das notas e enriquecimento da célula

Capítulo 5 - Construção de solos

**Exemplo 61** Variação: alteração da altura das notas e interpolação de uma segunda célula em resposta à primeira

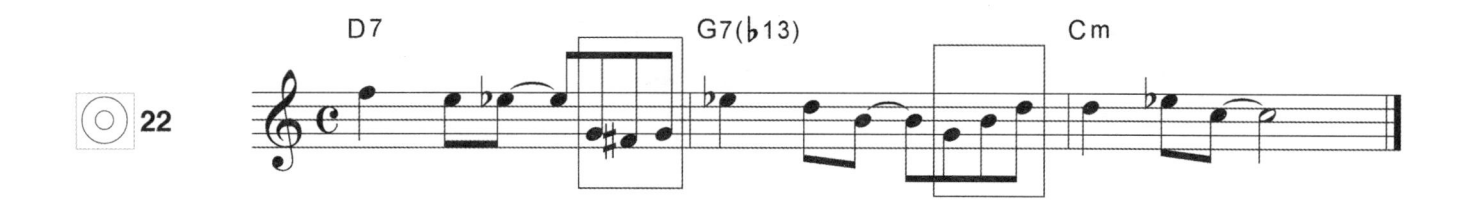

**Exemplo 62** Variação: reescritura rítmica a partir da célula

**Exemplo 63** Variação: inversão melódica da célula

3) **Pergunta e resposta**. Essa idéia pode se expressar, musicalmente, de várias formas:

**Exemplo 64** Alternância de oitava na repetição rítmico-melódica

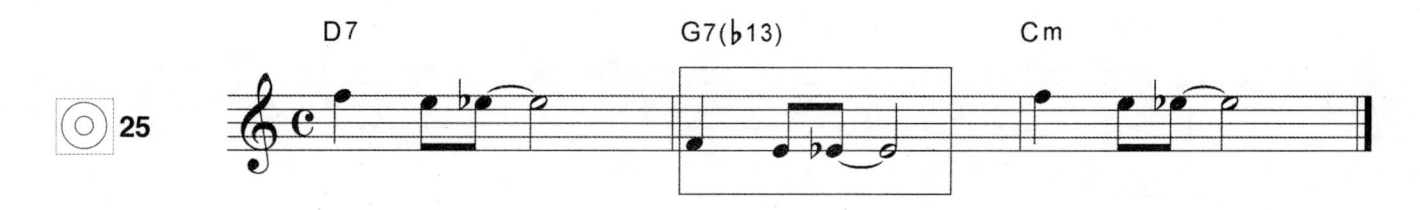

Exemplo 65  Variação de dinâmica

Exemplo 66  Frase - Resposta - Frase

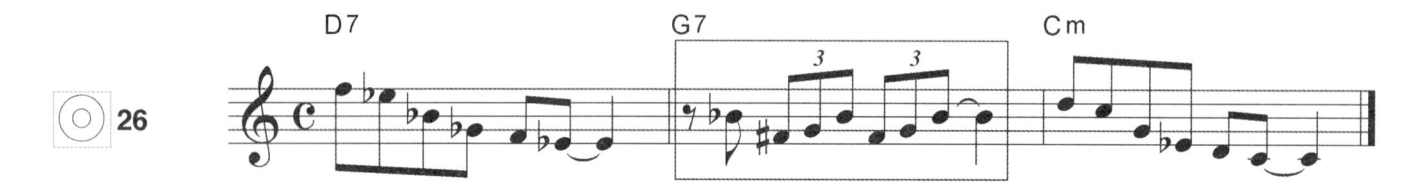

26

A CONSTRUÇÃO DE UM SOLO

A teoria, a forma musical, a correlação escala/acorde, as tríades superiores, as abordagens diatônico-cromáticas, o desenvolvimento melódico mediante as células, etc, tudo isso oferece pontos de partida e técnicas disponíveis para a criação melódica.

Consideramos a tarefa do improvisador como a de quem deve contar uma história. Assim, uma história tem um início, um desenvolvimento e um final o mais possível coerentes entre si. A tarefa de quem conta uma história é a de desenvolver o quanto tem a dizer sem ser prolixo ou repetitivo. Ele introduz uma idéia, para depois desenvolvê-la com coerência e levá-la a uma conclusão.

Musicalmente, acontece algo parecido. A coerência do discurso musical pode se expressar de várias formas. Também um solo totalmente dissonante ou caótico desde o começo até o fim é coerente consigo mesmo. Mas o primeiro tipo de coerência que sugiro buscar é a entre o contexto musical e o material melódico que desenvolvemos. O tema da música contém sempre alguns elementos que podem ser elaborados no solo. Assim, a partir do tema, por exemplo, podemos desenvolver idéias para a criação de nossas melodias mantendo uma coerência com o tema original. Trata-se apenas de uma possibilidade de criar coerência.

Outra idéia que podemos ter em mente é a de Tensão e Resolução, no solo. O conceito de Tensão e Resolução é próprio de todas as artes. Esse é, também, o princípio básico dos opostos, como a vida e a morte, o Yin e o Yang, a noite e o dia, etc. Na arte, busca-se um equilíbrio entre a excitação e a calma, entre a ação e o descanso. A forma de alcançar esse equilíbrio gera a obra de arte. Na improvisação, o músico não pode ser muito previsível, e também não pode ser muito imprevisível; em ambos os casos quem escuta perde o interesse. Tudo isto faz parte do processo de improvisação. A novidade é elemento indispensável, mas não pode existir somente novidade; é preciso fornecer ao ouvinte elementos que lhe permitam "situar-se", "reconhecer o lugar", para depois oferecer-lhe diferentes perspectivas.

Exemplo 67  Combinação das abordagens vertical, horizontal e uso de células temáticas: exemplo de improvisação e análise melódica sobre a **Estrutura Harmônica n°2**

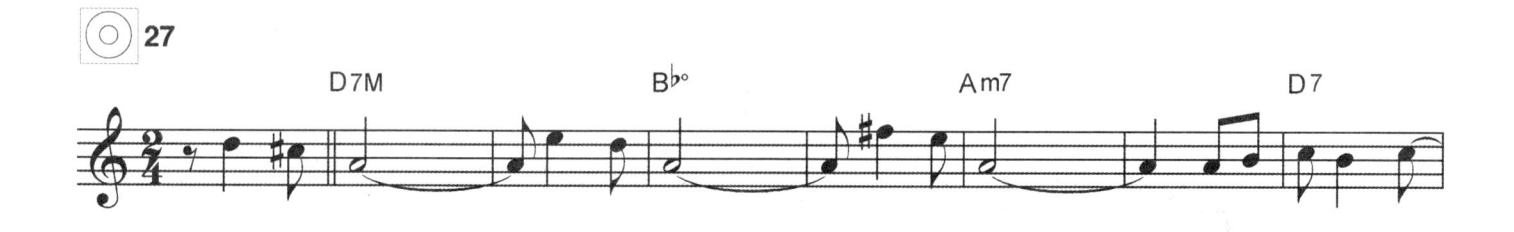

27

Capítulo 5 - Construção de solos

### Análise do solo:

- Compassos 1-6: utiliza-se uma célula temática, adaptando-a aos acordes. Uma nota (Lá) de longa duração permanece em comum aos três primeiros acordes, enquanto as duas notas de menor duração se movem adaptando-se à harmonia, até chegar ao compasso 8, onde o D7 é dominante do G7M sucessivo.

- Compassos 6-11: contêm um movimento **II-V-I**; as notas Lá-Si-Dó-Si-Dó-Ré dos compassos 6-8 são notas diatônicas, mas podem ser pensadas, também, como notas ao redor do si, terceiro grau de G7M que se estabelece no compasso 10.

- Compasso 10: pulo da melodia para baixo, compensado no compasso 12 pela nota Lá e pelo sucessivo andamento ascendente da frase que vai até o compasso 16. No compasso 13 o Mi é diatônico entre o Ré e o Fá, pensando em Gm, mas também é nota do acorde sucessivo Fá#: o Mi é o b7 desse acorde.

- Compasso 15: duplo cromatismo Lá-Lá# que leva ao Si do compasso 16.

- Compassos 16-17: movimento diatônico até o Fá#.

- Compasso 20: arpejo de Bb7, mas também frase blues em Dm, que começa no compasso 18 e termina no compasso 23.

- Compassos 28-29: movimento horizontal sobre a escala de Bb dim (veja escala T-S, capítulo 6).

- Compassos 30-35: movimento **II-V-I**. No compasso 32 um grupo de três notas de aproximação cromática levam até a nota Ré. O movimento sucessivo leva à nota Si do compasso 33.

- Compassos 36-39: movimento diatônico até a nota Fá#.

- Compassos 42-49: frase blues em Dm.

## 3. EXERCÍCIOS PARA LIGAR ENTRE SI OS ACORDES DE UMA SEQUÊNCIA HARMÔNICA

Apresento aqui algumas idéias e exercícios, para desenvolver habilidades muito úteis na improvisação. A proposta é a de ligar um acorde a outro através de:

1) alguma nota em comum (se houver), como nos exemplos abaixo:

Exemplo 68

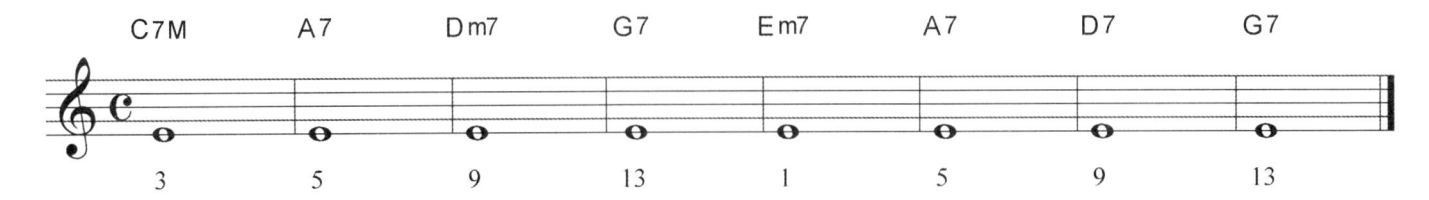

| C7M | A7 | Dm7 | G7 | Em7 | A7 | D7 | G7 |
| --- | --- | --- | --- | --- | --- | --- | --- |
| 3 | 5 | 9 | 13 | 1 | 5 | 9 | 13 |

Exemplo 69 Aplicação na Estrutura Harmônica n°2 (*Wave*)

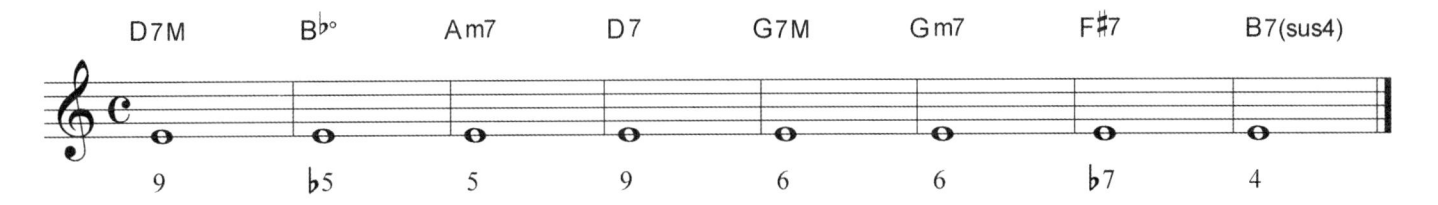

| D7M | Bb° | Am7 | D7 | G7M | Gm7 | F#7 | B7(sus4) |
| --- | --- | --- | --- | --- | --- | --- | --- |
| 9 | b5 | 5 | 9 | 6 | 6 | b7 | 4 |

2) movimentos de segunda (maior ou menor), ou seja, diatônica-cromaticamente, para adaptar a nota ao novo acorde, como nos exemplos abaixo:

Exemplo 70 Mistura de notas em comum e movimentos de segunda ascendente

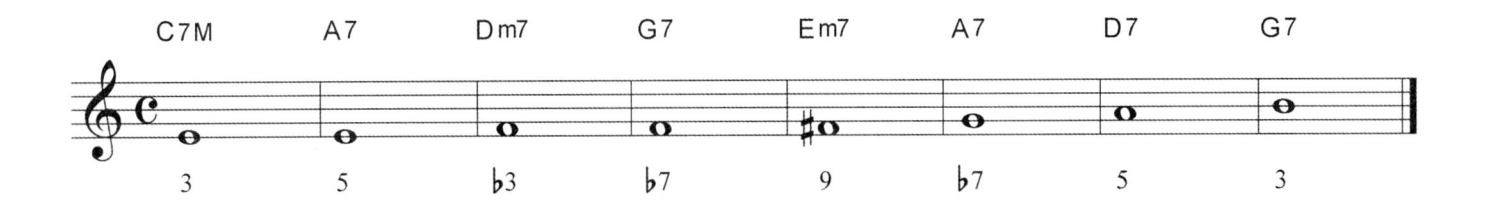

| C7M | A7 | Dm7 | G7 | Em7 | A7 | D7 | G7 |
| --- | --- | --- | --- | --- | --- | --- | --- |
| 3 | 5 | b3 | b7 | 9 | b7 | 5 | 3 |

Exemplo 71 Aplicação na Estrutura Harmônica n°2 (*Wave*): movimentos de segunda ascendente

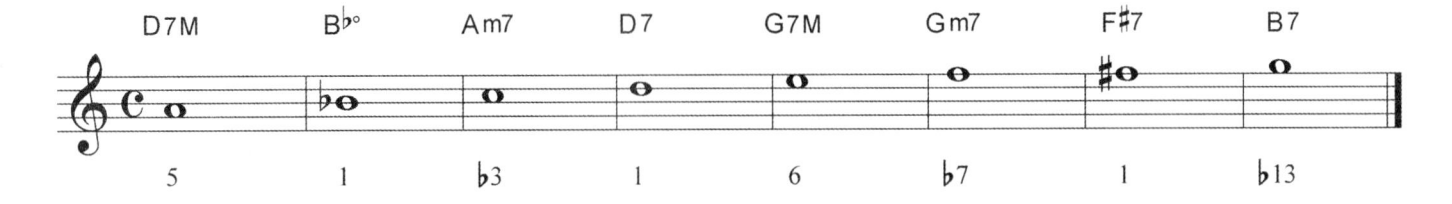

| D7M | Bb° | Am7 | D7 | G7M | Gm7 | F#7 | B7 |
| --- | --- | --- | --- | --- | --- | --- | --- |
| 5 | 1 | b3 | 1 | 6 | b7 | 1 | b13 |

**Exercício n° 24.** Utilizando a Estrutura Harmônica n°2 (base n°57 do CD), compor uma melodia baseada em uma nota sobre cada acorde, mantendo as notas em comum entre dois ou mais acordes, ou subindo de uma segunda.

Capítulo 5 - Construção de solos

**Exercício nº 25.** Utilizando a Estrutura Harmônica nº2 (base nº57 do CD), compor uma melodia baseada em uma nota sobre cada acorde, mantendo as notas em comum entre dois ou mais acordes ou <u>descendo</u> de uma segunda. Veja o exemplo seguinte:

Exemplo 72  Aplicação na Estrutura Harmônica nº2 (*Wave*): movimento descendente

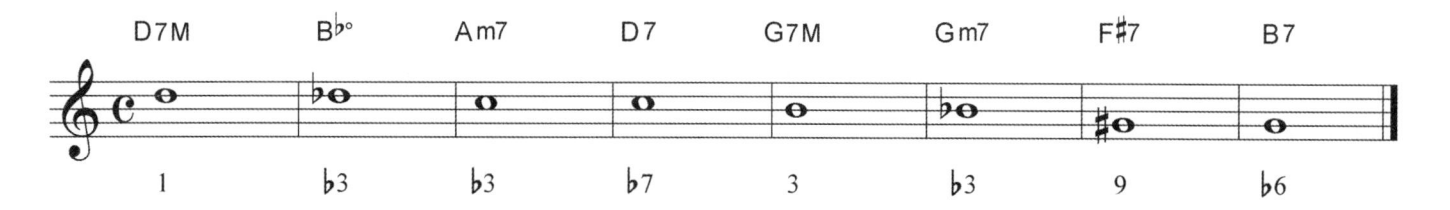

| D7M | B♭° | Am7 | D7 | G7M | Gm7 | F#7 | B7 |
|---|---|---|---|---|---|---|---|
| 1 | ♭3 | ♭3 | ♭7 | 3 | ♭3 | 9 | ♭6 |

**Exercício nº 26.** Utilizando a Estrutura Harmônica nº2 (base nº57 do CD), compor uma melodia baseada em uma nota sobre cada acorde, utilizando livremente:
- notas em comum entre dois ou mais acordes
- notas ascendentes
- notas descendentes

Exemplo 73  Aplicação na Estrutura Harmônica nº2: mistura de movimentos ascendentes e descendentes

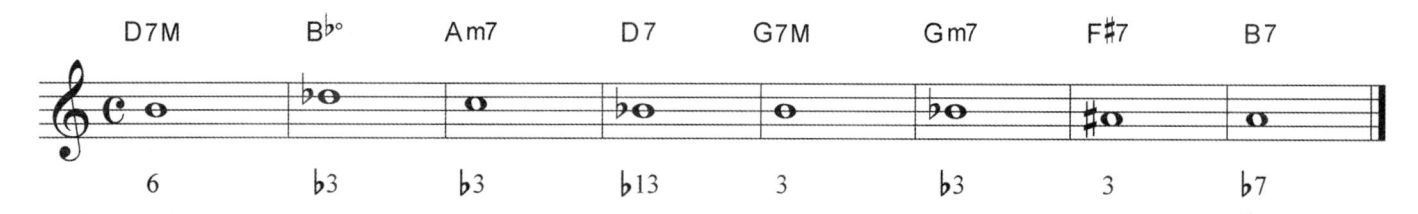

| D7M | B♭° | Am7 | D7 | G7M | Gm7 | F#7 | B7 |
|---|---|---|---|---|---|---|---|
| 6 | ♭3 | ♭3 | ♭13 | 3 | ♭3 | 3 | ♭7 |

Sugiro aplicar esses critérios em outras músicas de sua escolha.

Quando familiarizado com o movimento de uma nota por acorde, passe a pensar em duas notas por acorde, como no próximo exemplo.

Exemplo 74  Aplicação na Estrutura Harmônica nº2: duas notas por acorde, movimento descendente

| D7M | B♭° | Am7 | D7 | G7M | Gm7 | F#7 | B7 |
|---|---|---|---|---|---|---|---|
| 7  9 | ♭3  ♭5 | ♭3  5 | ♭7  8 | 3  5 | ♭3  5 | 3  5 | ♭7  9 |

**Exercício nº 27.** Utilizando a Estrutura Harmônica nº2 (base nº57 do CD), compor uma melodia baseada em duas notas sobre cada acorde, utilizando livremente:
- notas em comum entre dois ou mais acordes
- notas ascendentes
- notas descendentes
- uma nota fixa e outra ascendente ou descendente

## 4. COMO LIGAR SEQUÊNCIAS HARMÔNICAS INUSITADAS

A prática de ligar um acorde a outro através de nota comum ou de um movimento diatônico-cromático, se revela particularmente útil quando a música sobre a qual improvisar possui sequências de acordes inusitadas. São apresentados aqui alguns exemplos. Trata-se, na maioria das vezes, de ligar melodicamente acordes que se projetam além do campo harmônico diatônico.

Exemplo 75  Nota comum ou movimento de segunda (maior ou menor)

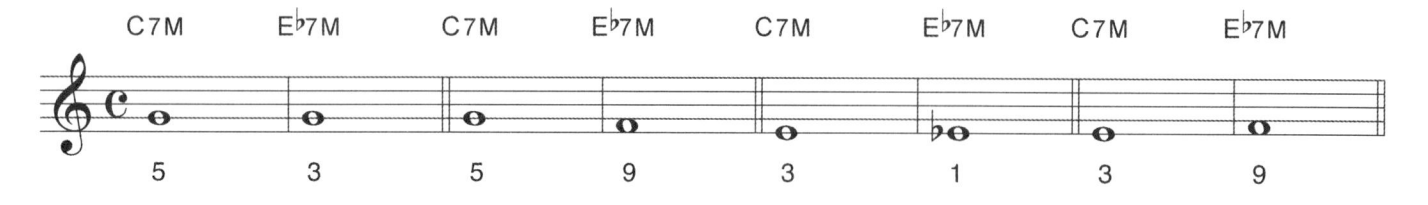

Exemplo 76  Células de duas notas: as notas em comum são mantidas, as outras se adaptam

Exemplo 77  Células de quatro notas: as notas em comum são mantidas, as outras se adaptam

**Exercício n° 28.** Ligar melodicamente os acordes: 1) Db7M - C7M; 2) Eb7M - Db7M; 3) C7M - E7, com movimentos diatônico-cromáticos ascendentes, usando uma nota por compasso. Ligue dois acordes de cada vez. O próximo exemplo mostra o exercício baseando-se nos acordes C7M - Eb7M.

Exemplo 78

**Exercício n° 29.** Ligar os acordes: 1) Db7M - Gb7M; 2) C7M - Ab7M; 3) C7M - A7, com movimentos diatônico-cromáticos descendentes, usando uma nota por compasso.

Capítulo 5 - Construção de solos

**Exercício nº 30**. Ligar os acordes: 1) Db7M - C7M; 2) Eb7M - B7M; 3) C7M - E7, com movimentos diatônico-cromáticos ascendentes, usando duas notas por compasso, como mostrado no próximo exemplo:

Exemplo 79

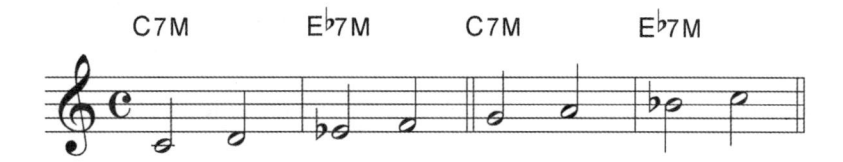

Experimente começar o exercício anterior com notas diferentes. Por exemplo:

Exemplo 80

Dentro do mesmo acorde experimente usar saltos. Por exemplo:

Exemplo 81

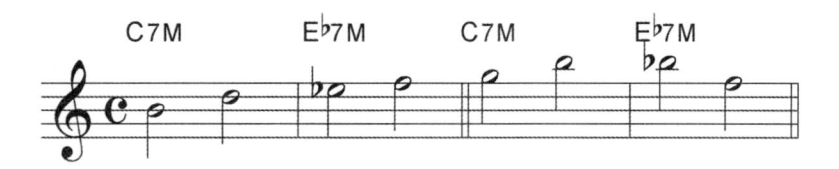

O próximo exemplo mostra uma sequência melódica sobre três acordes. Observe que entre os acordes de Ab e Sib não há notas em comum. Todas as notas, então, se movimentam diatonicamente.

Exemplo 82

A próxima sequência de acordes desce por tons inteiros até o Gb7M, para depois voltar para C7M. Note que a melodia vai em direção contrária à descida do baixo dos acordes. Dessa vez, as duas notas dos acordes se movimentam ao mesmo tempo.

**Exemplo 83**

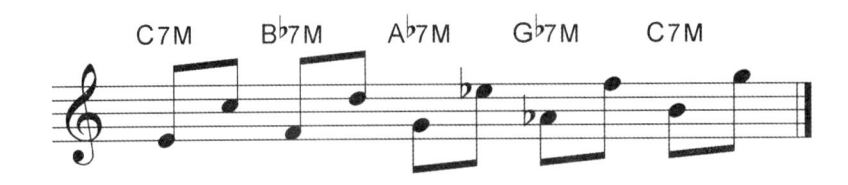

Treinar o encadeamento de dois ou mais acordes através de movimentos melódicos diatônico-cromáticos se revela muito útil.

Os acordes do próximo exemplo podem ser aplicados à música *Dindi* (T. Jobim).

**Exemplo 84** Exemplos de encadeamento:

> *Praticar e praticar sem entender como funcionam as regras da tua música é ineficiente e não produtivo.*
> Hal Garper

## 5. EQUILÍBRIO ENTRE SOM E PAUSA

A música não é composta somente por notas. Ela é feita, também, por silêncio. Às vezes, uma adequada porção de silêncio se revela interessante ou útil; a música precisa de "respiros", pausas, tanto quanto de notas. Para treinar o equilíbrio entre som e pausa, são aqui traçados alguns estudos.

Conforme a tabela apresentada abaixo, é útil praticar a alternância som/pausa pensando em grupos de compassos: tocar em alguns compassos, não tocar em outros.

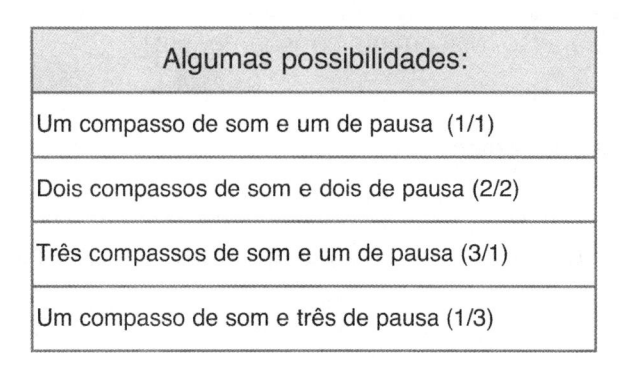

| Algumas possibilidades: |
| --- |
| Um compasso de som e um de pausa (1/1) |
| Dois compassos de som e dois de pausa (2/2) |
| Três compassos de som e um de pausa (3/1) |
| Um compasso de som e três de pausa (1/3) |

**Exemplo 86** Improviso com a alternância 1/1     28

**Exemplo 87** A pausa pode ser substituída por uma nota de longa duração     29

**Exemplo 88** Improviso com a alternância 2/2     30

Os exemplos 87 e 88 mostram como a última nota de uma frase pode antecipar de uma nota a chegada ao acorde sucessivo. Repare como todos esses exemplos são baseados em células rítmico-melódicas.

## COMO PRATICAR O ESTUDO DA ALTERNÂNCIA SOM/PAUSA

É possível que o leitor, ao iniciar esse tipo de estudo, encontre uma certa dificuldade; a impressão é que fica difícil compor um solo que faça sentido melodicamente. O que mais acontece, é um corte repentino da frase quando se chega ao compasso de pausa.

Procure terminar a sua frase em uma das notas do acorde do compasso de pausa, ou seja, pense sempre no que virá depois. Pratique primeiro a alternância 1/1, depois a 2/2, depois as outras.

Pausa pode significar também nota longa. O que me parece valer a pena explorar, na música, é a alternância de eventos de forma equilibrada: som/pausa, agudo/grave, forte/piano, muita nota/pouca nota, nota de longa duração/nota de curta duração, dissonante/consoante, etc.

### EXERCÍCIOS DE DESENVOLVIMENTO MELÓDICO

**Exercício n° 31.** Escolha uma música; estabeleça em quais compassos você irá tocar e em quais não irá. Depois, inverta essa ordem. Sucessivamente estabeleça outras combinações.

| Som | Pausa |
|---|---|
| 1 | 2 |
| 2 | 1 |
| 3 | 2 |
| 2 | 3 |
| 4 | 1 |
| 1 | 4 |

A combinação de um número ímpar de compassos é mais complicada para se trabalhar. É útil traçar, com um lápis, no mapa harmônico, os compassos nos quais tocar e nos quais não.

Esse tipo de exercício é muito útil para desenvolver a capacidade de "respirar" e a de construir frases que façam sentido.

**Exercício n° 32.** Depois de ter escolhido uma música de sua preferência, improvise segundo os critérios sugeridos:

a) Escolha uma célula rítmico-melódica (deduza-a pelo tema ou invente-a);
b) Aplique a alternância som/pausa 1/1;
c) Desenvolva a célula nos compassos designados, operando as variações melódicas.

Exemplo 89

Capítulo 5 - Construção de solos

**Exercício nº 33.** Experimente improvisar segundo os seguintes critérios:

a) comece o solo usando uma célula rítmico-melódica;
b) desenvolva outra célula, para gerar *pergunta e resposta*;
c) desenvolva as duas células rítmico-melódicas, operando as adaptações melódicas adequadas para adaptá-las aos primeiros compassos de sua música. Procure desenvolver as células por alguns compassos;
d) depois, invente outras células e desenvolva-as por mais alguns compassos;
e) preste atenção à forma da música. Quando começar uma nova seção, introduza uma nova idéia musical.

Exemplo 90  ⊙ 31

**Análise do trecho:**
- Compassos 1-2: célula e sua "resposta".
- Compassos 3-4 e 5-6: adaptação da frase anterior.
- Compassos 7-8: ápice do período musical, que contém a ruptura da lógica anterior. A tensão desses dois compassos é conduzida ao Em do compasso 9, onde é resolvida a energia melódica dos compassos 7 e 8
- Compasso 9: nova célula rítmico-melódica.
- Compasso 10-11: a célula do compasso 9 é adaptada aos novos acordes para concluir o período musical.

*"É importante aprender a tocar o silêncio"*
Mick Goodrick

# CONSIDERAÇÕES SOBRE OS CAMPOS HARMÔNICOS DIATÔNICOS MENORES E CORRELAÇÃO ESCALA/ACORDE

Assim como acontece com o campo harmônico diatônico maior, também a partir de outras escalas, constroem-se seus campos harmônicos. Aqui consideramos dois campos harmônicos menores importantes, construídos sobre as escalas Menor Harmônica e Menor Melódica.

## 1. ESCALA MENOR HARMÔNICA: HARMONIZAÇÃO E ESCALAS DERIVADAS

**CAMPO HARMÔNICO DA ESCALA MENOR HARMÔNICA**
(Os exemplos seguintes são todos na tonalidade de Dó)

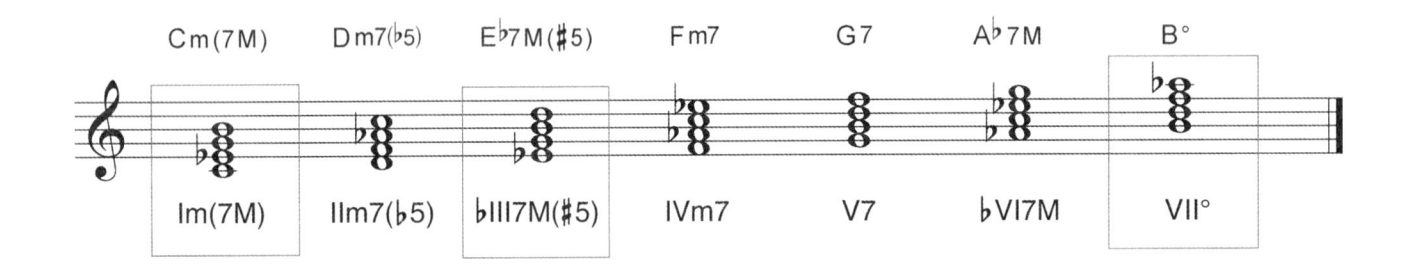

Cm(7M)   Dm7(b5)   Eb7M(#5)   Fm7   G7   Ab7M   B°

Im(7M)   IIm7(b5)   bIII7M(#5)   IVm7   V7   bVI7M   VII°

Nesse campo harmônico encontram-se algumas estruturas de acordes interessantes não contidas no campo harmônico diatônico maior, tais como as evidenciadas na figura acima. Esses acordes e suas escalas trazem novas sonoridades para nossos improvisos.

**ESCALAS DERIVADAS DA MENOR HARMÔNICA**

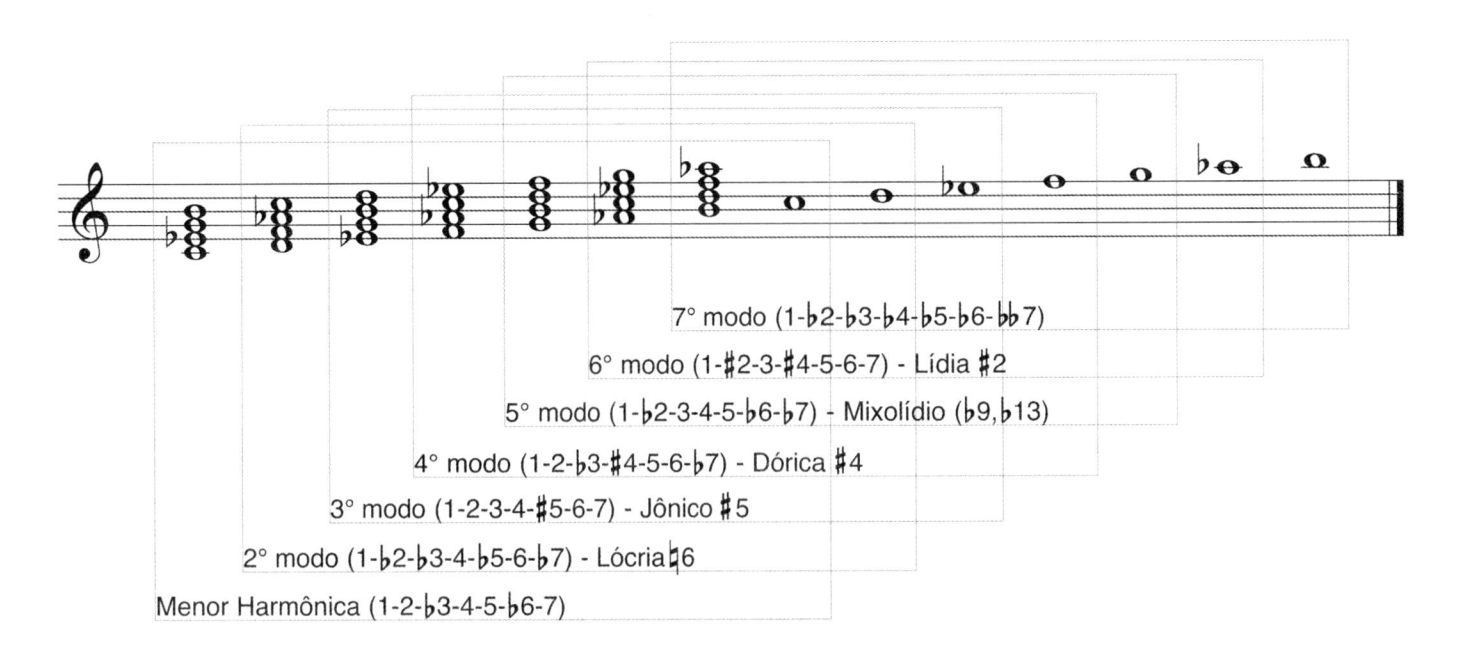

7° modo (1-b2-b3-b4-b5-b6-bb7)
6° modo (1-#2-3-#4-5-6-7) - Lídia #2
5° modo (1-b2-3-4-5-b6-b7) - Mixolídio (b9,b13)
4° modo (1-2-b3-#4-5-6-b7) - Dórica #4
3° modo (1-2-3-4-#5-6-7) - Jônico #5
2° modo (1-b2-b3-4-b5-6-b7) - Lócria♮6
Menor Harmônica (1-2-b3-4-5-b6-7)

A atribuição dos nomes provenientes da escala Maior (Jônico, Dórico, Frígio, etc) com suas modificações (por exemplo Dórico#4) serve para ajudar a lembrar a composição das novas escalas derivadas.

Capítulo 6 - Considerações sobre os campos harmônicos diatônicos menores e correlação escala/acorde

**FAMÍLIAS DE ACORDES NO CAMPO HARMÔNICO DA MENOR HARMÔNICA**

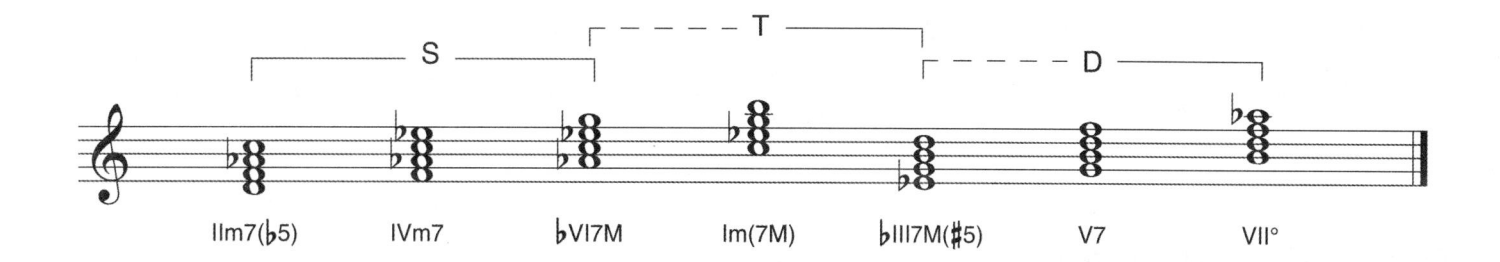

IIm7(♭5)　　IVm7　　♭VI7M　　Im(7M)　　♭III7M(♯5)　　V7　　VII°

## A CADÊNCIA IIm7(♭5)-V7-Im

O campo harmônico da escala Menor Harmônica contém os acordes da cadência em menor II-V-I. Na sua forma menor, esta cadência se manifesta, tradicionalmente, assim:

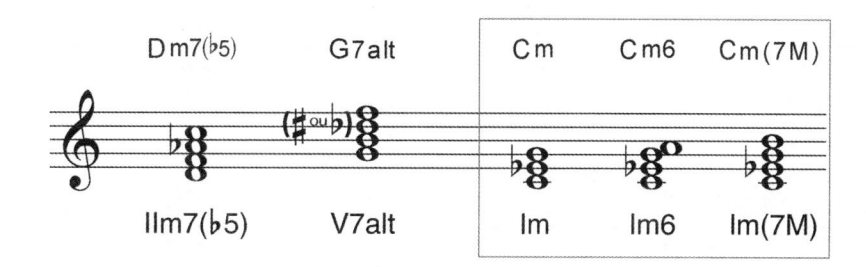

Dm7(♭5)　　G7alt　　Cm　　Cm6　　Cm(7M)

IIm7(♭5)　　V7alt　　Im　　Im6　　Im(7M)

## AS ESCALAS DA CADÊNCIA IIm7(♭5)-V7-Im

Em uma sequência II-V-I em menor, pode-se usar, horizontalmente, a escala Menor Harmônica construída a partir do acorde de tônica (note porém que a escala Menor Harmônica não possui 6ª maior, portanto no caso em que o acorde Im seja Im6 não pode ser usada essa escala, mas sim a escala Menor Melódica; essa será tratada logo em seguida). Abaixo o exemplo de escalas e acordes em C menor:

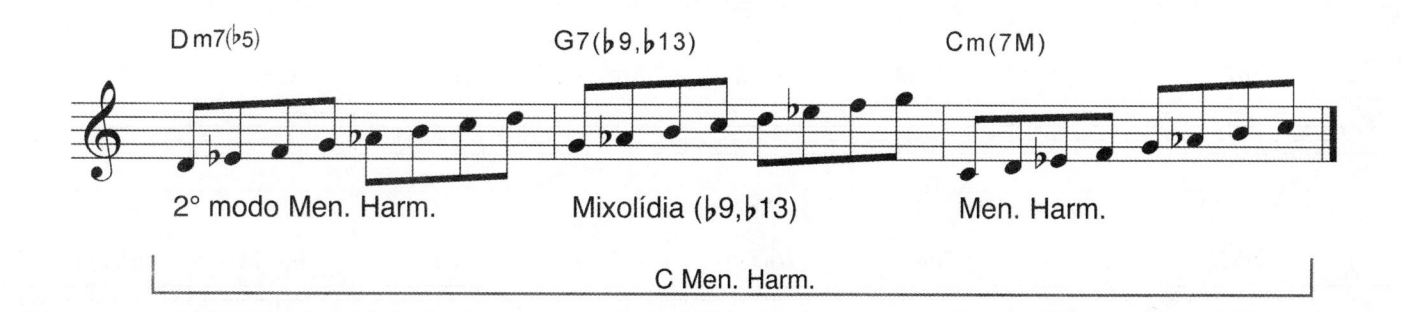

Dm7(♭5)　　　　　　G7(♭9,♭13)　　　　　　Cm(7M)

2° modo Men. Harm.　　Mixolídia (♭9,♭13)　　Men. Harm.

C Men. Harm.

**Exemplo 92** Frase sobre um **IIm7(♭5)-V7-Im** baseada na escala Menor Harmônica de Dó:

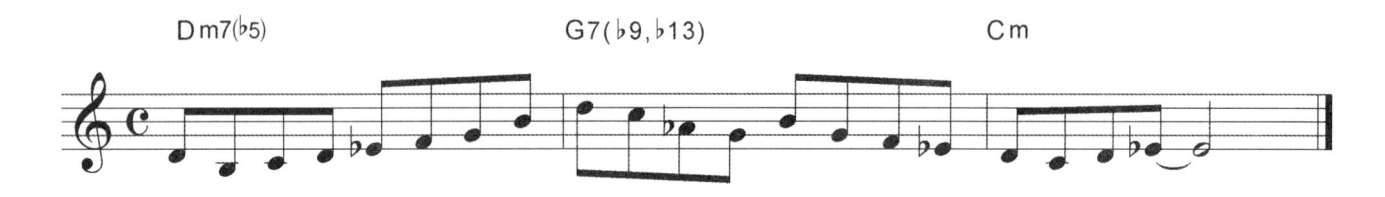

Dm7(♭5)   G7(♭9,♭13)   Cm

### ESCALAS DA ESTRUTURA HARMÔNICA N°1 (AUTUMN LEAVES)

No capítulo 1 deste volume, no exemplo 24, tratamos das escalas dos primeiros 5 compassos da Estrutura Harmônica n°1. Essas escalas são derivadas pela escala de Bb Maior. Com o auxílio das escalas derivadas pela escala Menor Harmônica podemos proceder à análise das escalas dessa estrutura. Notamos que os compassos 5-6-7 contêm uma cadência IIm7(♭5)-V7-Im. Sobre essa cadência pode se recorrer à escala Menor Harmônica de Sol, como nos compassos 6-7 do exemplo:

**Exemplo 91**

Cm7   F7   B♭7M

E♭7M   Am7(♭5)   D7(♭9,♭13)   Gm

No exemplo 24, colocamos no compasso 5 uma escala Lócria. Agora, podemos constatar como, a partir desse acorde, é possível usar, também, a escala de G Menor Harmônica.
A Estrutura Harmônica n°1 se baseia em movimentos cadenciais **II-V-I** em maior e menor. Sendo assim, as escalas para a improvisação se reduzem, basicamente, a duas: B♭ Maior e G Menor Harmônica.

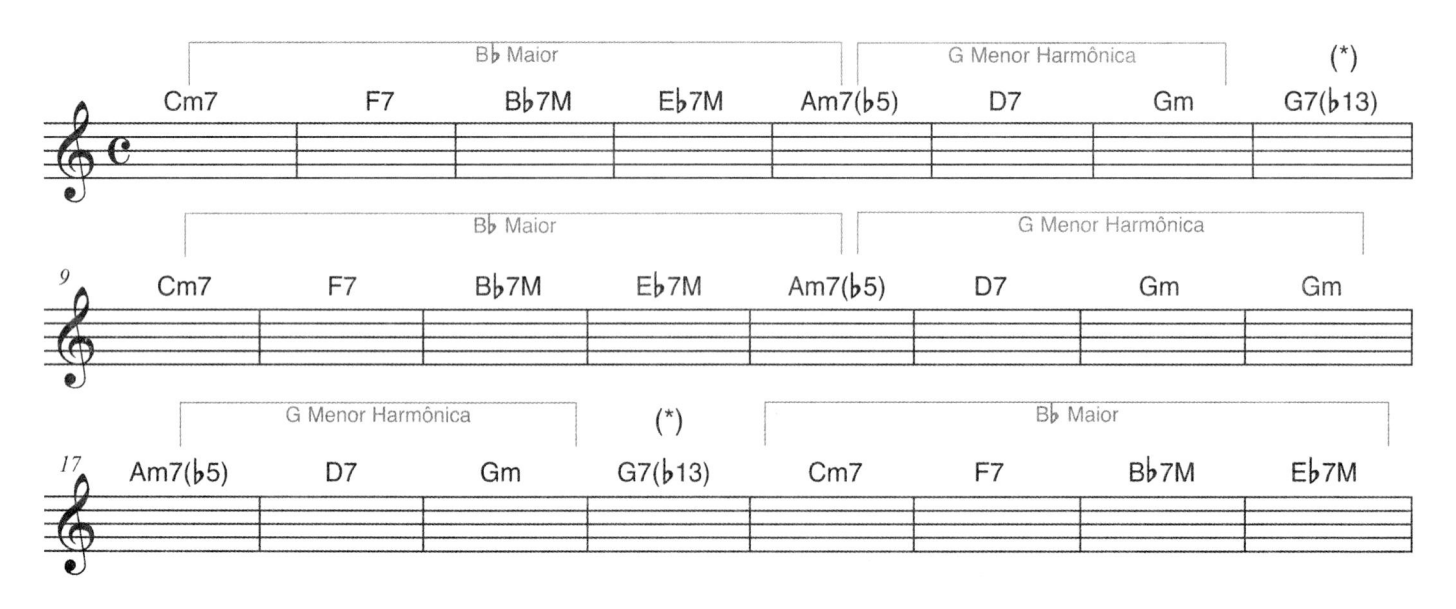

| | B♭ Maior | | | | G Menor Harmônica | | (*) |
|---|---|---|---|---|---|---|---|
| Cm7 | F7 | B♭7M | E♭7M | Am7(♭5) | D7 | Gm | G7(♭13) |

| | B♭ Maior | | | | G Menor Harmônica | | |
|---|---|---|---|---|---|---|---|
| Cm7 | F7 | B♭7M | E♭7M | Am7(♭5) | D7 | Gm | Gm |

| | G Menor Harmônica | | (*) | | B♭ Maior | | |
|---|---|---|---|---|---|---|---|
| Am7(♭5) | D7 | Gm | G7(♭13) | Cm7 | F7 | B♭7M | E♭7M |

Capítulo 6 - Considerações sobre os campos harmônicos diatônicos menores e correlação escala/acorde

```
       G Menor Harmônica      F Maior    Eb Maior   Eb Iônico/Lídio       G Menor Harmônica
25    Am7(b5)   D7(b9)     Gm7  C7    Fm7  Bb7     Eb7M        D7         Gm            Gm
```

(*) Uma consideração sobre o acorde G7(b13): na composição original, os compassos assinalados com (*) contêm o acorde Gm. Geralmente, esse acorde é trocado por um dominante alterado, criando uma dominante para o acorde sucessivo. No acorde G7(b13) é possível aplicar as duas escalas de C Menor Harmônica ou, de forma mais comum, a escala Superlócria. Dessa última escala falarei em seguida.

### O ACORDE DE DOMINANTE ALTERADO

O acorde de dominante se diz alterado quando suas alterações são referentes à 5ª e à 9ª. As alterações podem ser, então: b5, #5 (b13), b9, #9. As quatro alterações não devem estar necessariamente todas presentes para o acorde ser chamado de "alterado", mas ele não conterá 5ª e 9ª naturais. Pode-se encontrar esse acorde notado com o termo "*alt*" ou é possível achar especificadas as suas alterações, por exemplo:

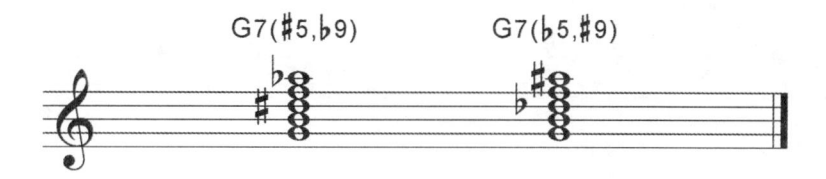

G7(#5,b9)    G7(b5,#9)

A escala geralmente usada sobre o acorde de dominante alterado com b13 é a escala Superlócria (chamada também *escala alterada*), que será tratada mais à frente. Existe, todavia, uma circunstância, em que é possível usar a escala construída sobre o quinto grau da escala Menor Harmônica - Mixolídia (b9,b13). Isto se dá quando o acorde contém as alterações b9, b13. Este é, tipicamente, o caso da dominante secundária do IIm7, segundo grau do campo harmônico diatônico maior. Acontece, ainda, como vimos, em uma cadência **II-V-I** em menor:

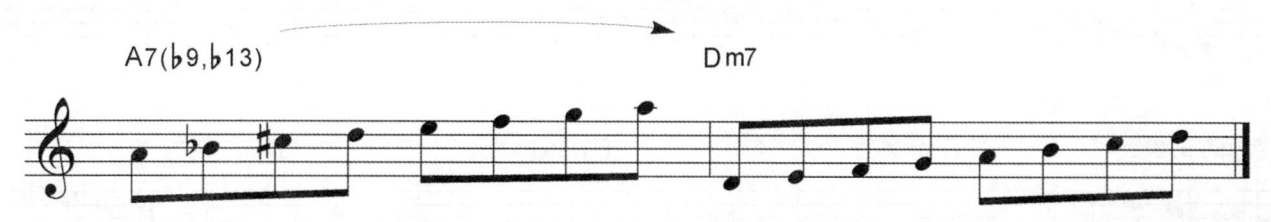

A7(b9,b13)          Dm7

Devido à presença do intervalo de um tom e meio situado entre seus graus b6 e 7, a escala Menor Harmônica e as escalas derivadas dela podem ser interessantes para alcançar sonoridades particulares, podendo resultar úteis em casos específicos.

### SOBRE O 7° MODO DA ESCALA MENOR HARMÔNICA

Uma consideração, ainda, sobre a escala do VII grau da escala Menor Harmônica: esta escala será usada nos acordes diminutos que resolvem para acordes menores. Para isso veja-se o capítulo 7.

**Exercício nº 34.** Resolução **V7(♭9,♭13) - Im** em todos os tons utilizando a escala Menor Harmônica.

🔘 32

## 2. ESCALA MENOR MELÓDICA: CAMPO HARMÔNICO E ESCALAS DERIVADAS

A escala Menor Melódica é chamada, também, de escala *Menor Melódica real*, e outras vezes de escala *menor jazz*, devido ao grande uso que os jazzistas fazem dela desde o final da década de 1940.

CAMPO HARMÔNICO DIATÔNICO DA ESCALA MENOR MELÓDICA (Os exemplos seguintes são todos na tonalidade de Dó):

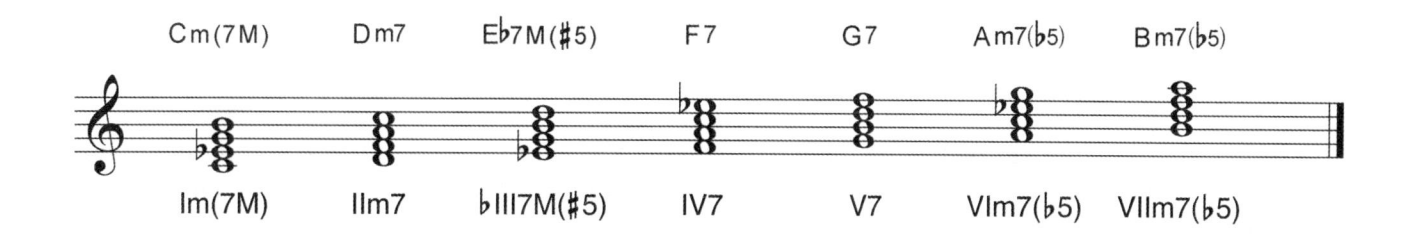

Cm(7M)     Dm7     Eb7M(#5)     F7     G7     Am7(b5)     Bm7(b5)

Im(7M)     IIm7     bIII7M(#5)     IV7     V7     VIm7(b5)     VIIm7(b5)

ESCALAS DERIVADAS DA MENOR MELÓDICA

Superlócria (1-b2-b3-b4-b5-b6-b7)
Lócria 2M (1-2-b3-4-b5-b6-b7)
Mixolídia b6 (1-2-3-4-5-b6-b7) - dita também Mixolídia b13
Lídia b7 (1-2-3-#4-5-6-b7) - dita também Mixolídia #4
Lídia Aumentada (1-2-3-#4-#5-6-7)
Dórica b2 (1-b2-b3-4-5-6-b7) - dita também Frígia ♮6
Menor Melódica ascendente (1-2-b3-4-5-6-7)

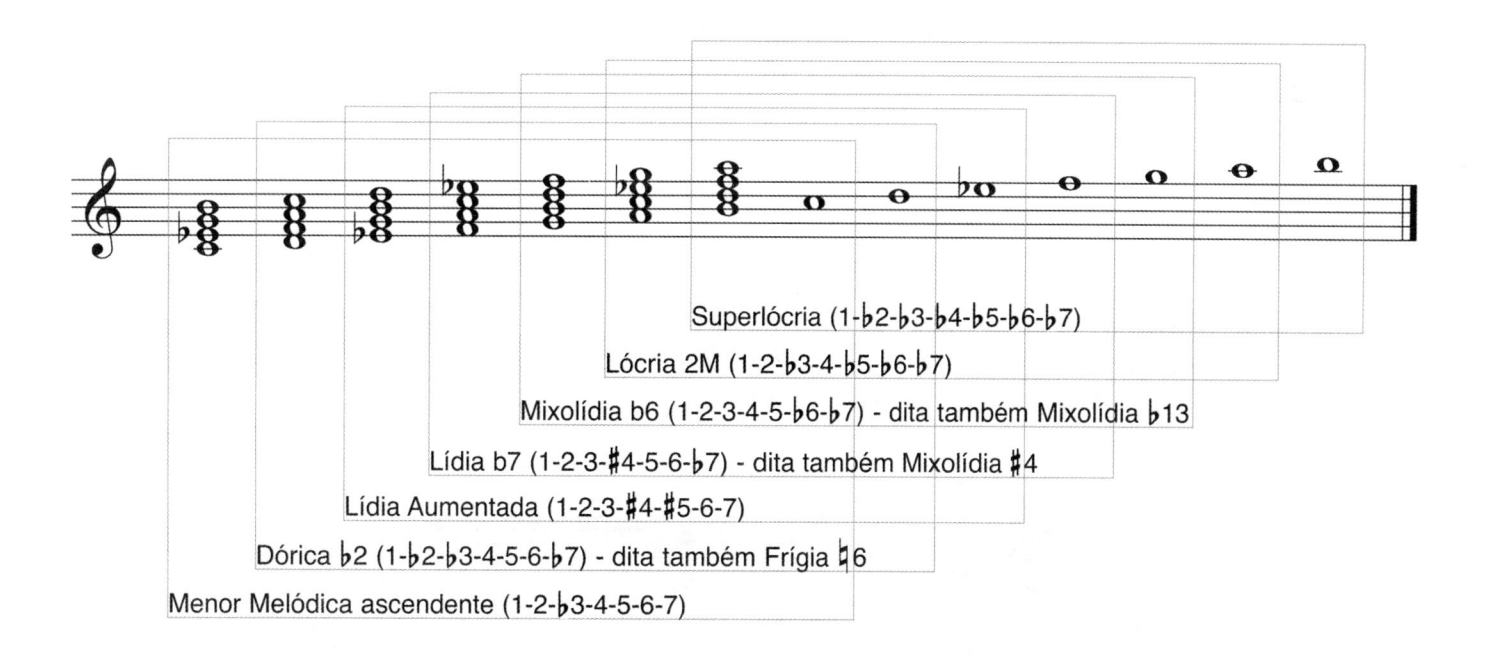

**Exercício n° 35.** Exercício de fixação das escalas derivadas da Menor Melódica.
De forma parecida com o exercício n° 2 (pág.21), sugiro escrever e, sucessivamente, praticar no instrumento, todas as escalas derivadas da Menor Melódica em todos os tons.

CONSIDERAÇÕES SOBRE AS ESCALAS DERIVADAS DA MENOR MELÓDICA E ESTRUTURAS SUPERIORES DERIVADAS
**1. Escala Menor Melódica.** Em termos tonais usa-se sobre os acordes menores com 7ª maior ou 6ª. É, a meu ver, uma ótima escolha quando se está diante de um acorde menor com função de tônica.
A escala oferece uma tríade maior a ser usada como estrutura superior: a tríade sobre o V grau (por exemplo, se a escala for Cm melódico, podemos usar as notas da tríade de sol na construção melódica de uma frase. Veja o exemplo 133 à página 109).

**2. Escala Dórica ♭2.** Dita também Frígia ♮6. O uso mais frequente é nos acordes de dominante *sus* 4(♭9). Por exemplo: G7*sus* 4(♭9) ou G7*sus* 4 (♭9,13). A escala contém a 13ª maior. Veja a sequência:

G7sus4(♭9)

1   ♭2   ♯2   4   5   6   ♭7   8

(G Dórica ♭2 = F Men. Melódico)

**3 Escala Lídia ♯5**, ou Lídia aumentada. É uma escala usada sobre os acordes maiores com quinta aumentada. Na música *Luiza*, por exemplo, Tom Jobim usa essa sonoridade em uma cadência II-V-I em maior. Veja a sequência (entre parêntesis as palavras do verso, como referência):

Gm7  (G Dórico)   C7  (C Mixolídio)   F7M(♯5)  (F Lídio ♯5)

... pra    te    es-    que-    cer    Lu-    iza

**4. Escala Lídia b7.** Dita também Mixolídia ♯4. Esta escala é usada sobre acordes de dominante com ♯11. É uma escala muito usada, especialmente nas resoluções em maior. A escala oferece uma tríade maior a ser usada como estrutura superior: a tríade sobre o II grau:

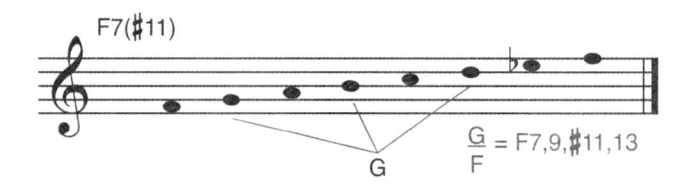

F7(♯11)

G/F = F7,9,♯11,13

Pode-se usar essa escala quando o acorde de dominante não resolve uma 5ª abaixo, como, por exemplo, no caso de um acorde SubV7 ou, ainda, quando resolve sobre os acordes I7, ♭II7, II7, ♭III7, IV7, ♭V7, ♭VI7, VI7, ♭VII7, VII7.

**5. Escala Mixolídia ♭13.** Usa-se nos acordes de dominante (♭13) não alterados. Devido à presença da 9M, usa-se essa escala na resolução para maior.

**6. Escala Lócria 2M.** Usa-se sobre os acordes meio-diminutos no lugar da escala Lócria tradicional, que contém a nona menor. Essa escala oferece uma sonoridade muito interessante. Observe as duas tríades superiores:

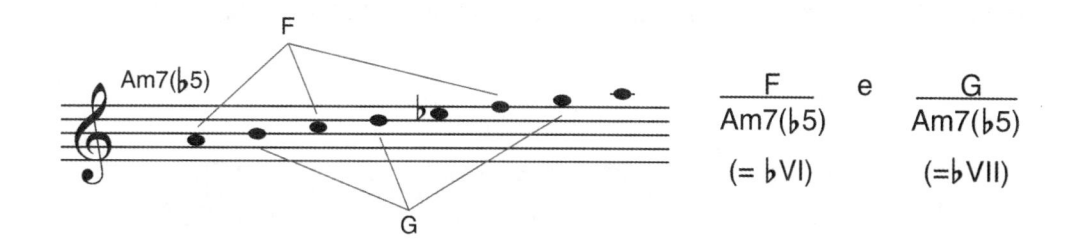

## Capítulo 6 - Considerações sobre os campos harmônicos diatônicos menores e correlação escala/acorde

$$\frac{F}{Am7(\flat5)} \quad e \quad \frac{G}{Am7(\flat5)}$$

$$(=\flat VI) \quad (=\flat VII)$$

**7. Escala Superlócria.** Chamada, também, de *escala alterada*. É a escala mais usada nos acordes de dominante alterados. O exemplo seguinte mostra a análise da escala de B Superlócrio, referindo-a ao acorde de B7*alt* (escrito até a 13ª); é preciso pensar em termos enarmônicos: o Mi♭ da escala de C Men. Mel. equivale ao Ré♯, 3° grau do acorde de B7*alt*:

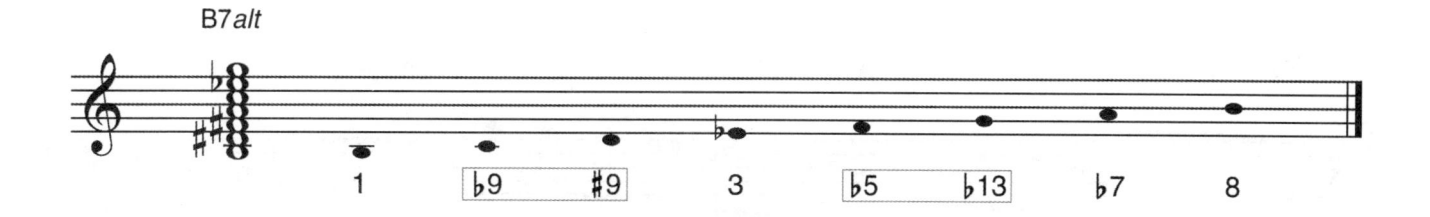

Essa escala oferece duas tríades superiores interessantes: as tríades maiores sobre os graus ♭V e ♭VI (*). As tríades superiores evidenciadas neste capítulo serão tratadas especificamente no capítulo 8.

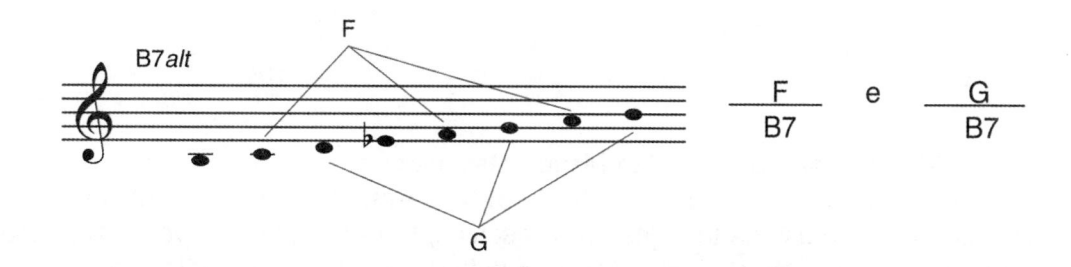

$$\frac{F}{B7} \quad e \quad \frac{G}{B7}$$

(*) Em relação à nota B, ponto de partida da escala, a nota F é a ♭5, e a nota G é a ♭6.

**CADÊNCIA V7*alt*-Im RECORRENDO À ESCALA MENOR MELÓDICA**
- Sobre o V7*alt* usamos a escala Superlócria.
- Sobre o Im usamos a escala Menor Melódica.

**V7*alt*-Im** (exemplo em Cm):

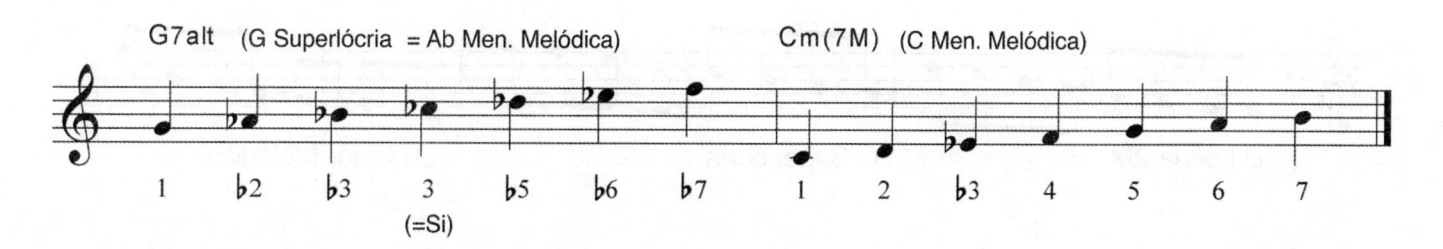

G7alt (G Superlócria = Ab Men. Melódica)   Cm(7M) (C Men. Melódica)

1   ♭2   ♭3   3   ♭5   ♭6   ♭7    1   2   ♭3   4   5   6   7
         (=Si)

Exemplo 93 Frase sobre **V7alt-Im** baseada nas escalas derivadas da Menor Melódica:

Exemplo 94 Aplicação das escalas derivadas da Menor Melódica sobre os últimos oito compassos da música *Stella by Starlight* (V. Young); aqui as escalas podem ser:

E Lócrio 2M - A Superlócrio - D Lócrio 2M - G Superlócrio - C Lócrio 2M - F Superlócrio

### CADÊNCIA IIm7(♭5)-V7-Im RECORRENDO À ESCALA MENOR MELÓDICA

Pode-se construir um fraseado sobre a cadência **IIm7(♭5)-V7alt-Im** utilizando somente escalas derivadas da Menor Melódica. Isso implica o uso de três diferentes escalas. Por exemplo, em Dó m (veja figura abaixo):
- Sobre Dm7(♭5) pode-se usar a escala Lócria 2M, derivada da escala de Fm melódico.
- Sobre o G7alt pode-se usar a escala Superlócria, derivada da escala de A♭m melódico.
- Sobre o Cm pode-se usar a escala de Cm melódico.

Se pensarmos que é necessário lidar com três escalas diferentes, isso pode soar complicado. E realmente não há como escapar: é um pouco mais complicado do que usar uma só escala, como no caso de um **II-V-I** em maior, por exemplo, ou ainda no caso da Menor Harmônica. Porém, há uma característica bem interessante que deve ser ressaltada: a escala Menor Melódica oferece uma certa simetria, que pode ser desfrutada para a improvisação na cadência **IIm7(♭5)-V7alt-Im**. Veja:

Dm7(♭5,9)          G7alt          Cm(7M)

D Lócria 2M          G Superlócria          C Menor Melódica

Capítulo 6 - Considerações sobre os campos harmônicos diatônicos menores e correlação escala/acorde

Toda frase gerada pela escala Menor Melódica respeita uma regra:

**Exemplo 95** 1) Escalas; 2) Exemplo de frase usando as escalas

1) Dm7(♭5,9) — F menor melódico — 3ªm — G7alt — A♭ menor melódico — 3ªM — Cm(7M) — C menor melódico

2) Dm7(♭5,9) — 3ªm — G7alt — 3ªM — Cm(7M)

Uma frase sobre o IIm7(♭5) baseada na escala Menor Melódica (ou seja baseada na escala Lócria 2M) pode ser transportada uma <u>terça menor acima</u> e se encaixar perfeitamente sobre o V7*alt* (transformando-se em uma frase baseada na escala Superlócria do novo acorde). Mais uma transposição uma <u>terça Maior acima</u> e a frase se encaixa perfeitamente sobre o Im (escala Menor Melódica do novo acorde). Essa regra parece ter sido feita propositadamente para os violonistas, os guitarristas e os baixistas, devido às características dos instrumentos. Os outros instrumentistas se consolem: a sonoridade é tão bonita que vale a pena estudar as transposições. O próximo exemplo mostra claramente a simetria:

**Exemplo 96**

Dm7(♭5,9) — G7alt — Cm(7M)

Mais um exemplo de frase desfrutando as tríades e a transposição por terças:

**Exemplo 97**

Cm7(♭5,9) — 3ªm — F7alt — 3ªM — B♭m(7M)

**Exercício nº 36.** Resolução **V7alt - Im** em todos os tons.[1] 🔘 **33**

Quando se sentir seguro, passe a tocar o exercício junto à base sem olhar para essa folha, mas sim pensando nos acordes e nas escalas correlatas.

---

(1) Tratando com escalas como essas, às vezes é útil pensar as notas enarmonicamente. Por exemplo, no primeiro compasso, para construir a escala de B♭ Superlócrio, propus utilizar B menor melódico e não C♭ menor melódico, assim como seria correto. Essa última escala levaria alterações dobradas. Aqui, como também no próximo exercício, outros compassos apresentarão esse tratamento enarmônico.

Capítulo 6 - Considerações sobre os campos harmônicos diatônicos menores e correlação escala/acorde

**Exercício nº 37.** Cadência **IIm7(♭5) - V7*alt* - Im** em todos os tons 🔘 34

# 7. OUTRAS ESCALAS E SUAS APLICAÇÕES

## 1. ESCALAS PENTATÔNICAS

As escalas pentatônicas parecem ser as escalas mais antigas entre as conhecidas. Há indícios da sua existência na música chinesa dos séculos VII-VIII a.C. Como a mesma palavra indica, a escala pentatônica possui cinco sons. Existem várias escalas pentatônicas, mas as duas principais usadas na música ocidental são as chamadas de maior e menor. Uma de suas características é a ausência de semitons.

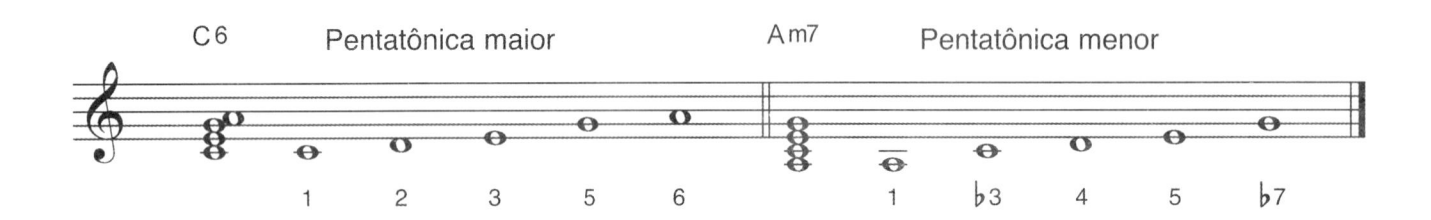

Podemos considerar a pentatônica menor como relativa da maior. Possui, portanto, as mesmas notas, as quais, referidas ao acorde menor, geram outra sequência de intervalos. Para as aplicações das escalas pentatônicas veja o capítulo 8.

Existe uma grande produção de exercícios e livros específicos sobre as escalas pentatônicas. Indico aqui algumas idéias para praticar o estudo dessas escalas, sugerindo transportá-los em todos os tons.

**Exercício nº 38.** Estudo da escala pentatônica por grupos de três notas.

**Exercício nº 39.** Estudo da escala pentatônica por grupos de quatro notas.

**Exercício nº 40.** Combinação de intervalos de terças e quartas:

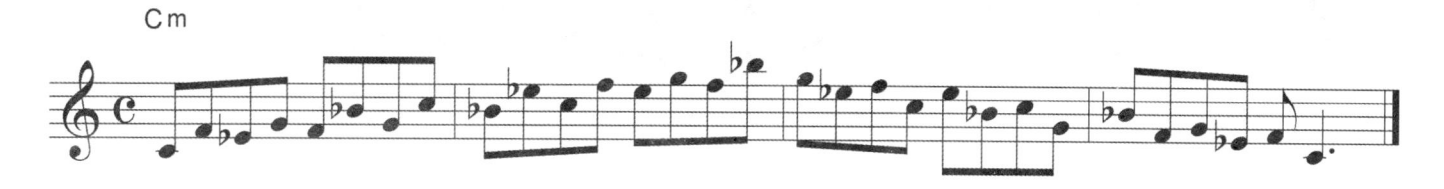

**Exercício nº 41.** Outra combinação de intervalos de terças e quartas:

## 2. ESCALAS SIMÉTRICAS

Qualquer escala simétrica se dá em número limitado de transposições. Em virtude disso, é preciso desenvolver a capacidade de pensar em suas notas enarmonicamente.

### - Escala de tons inteiros

Só existem duas escalas de tons inteiros. As demais são transposições de uma ou da outra.

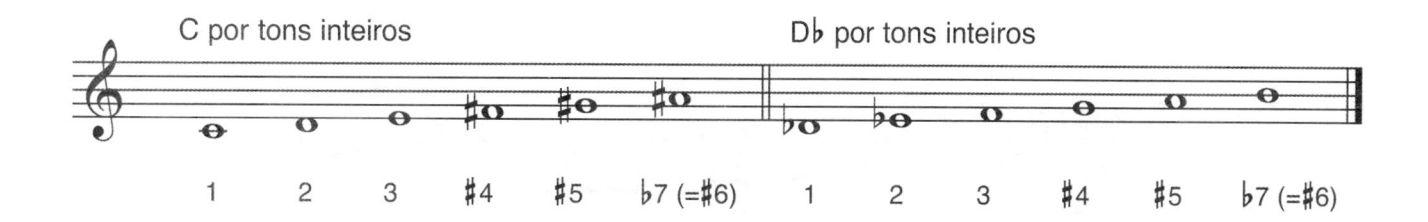

C por tons inteiros    D♭ por tons inteiros

1    2    3    #4    #5    ♭7 (=#6)    1    2    3    #4    #5    ♭7 (=#6)

Em termos tonais, a escala de tons inteiros pode ser usada nos acordes de dominante com o quinto grau alterado e nona maior. Devido à presença da 9ª maior, a resolução esperada é no acorde maior. Possui uma sonoridade bem característica. Os melhores resultados podem vir pela produção de frases não lineares, como nos exemplos seguintes:

Exemplo 98

a)

b)

c) [musical notation]

d) [musical notation]

As frases a), b) e c) do exemplo 98 podem ser aplicadas aos acordes D♭7, E♭7, F7, G7, A7, B7 com 9ª maior e quinta alterada (♭5 e/ou ♯5).
A frase d) pode ser aplicada aos acordes C7, D7, E7, F♯7, G♯7, A♯7 com 9ª maior e quinta alterada (♭5 e/ou ♯5).

A inserção de notas cromáticas que não pertencem à escala por tons inteiros, permite criar frases interessantes. Veja o próximo exemplo:

**Exemplo 99**

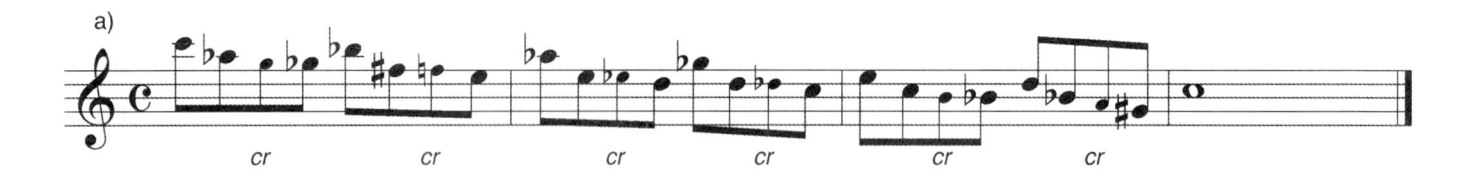

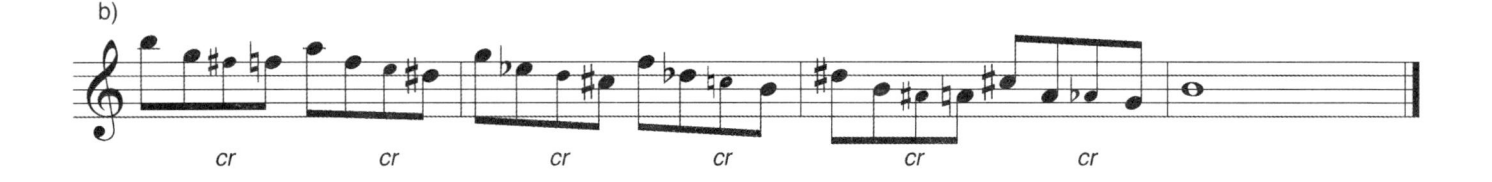

a) [musical notation with *cr* markings]

b) [musical notation with *cr* markings]

> *"O conhecimento do processo criativo não substitui a criatividade, mas pode evitar que desistamos dela quando os desafios nos parecem excessivamente intimidadores e a livre expressão parece bloqueada".*
> Stephen Nachmanovitch

## Capítulo 7 - Outras escalas e suas aplicações

**- Escala Aumentada**

É composta por uma sequência regular que alterna intervalos de um tom e meio com intervalos de semitom (exemplo em C):

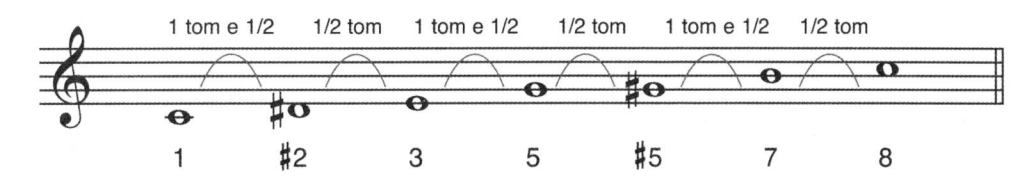

[Notação musical: escala aumentada em C com intervalos 1 tom e 1/2, 1/2 tom, 1 tom e 1/2, 1/2 tom, 1 tom e 1/2, 1/2 tom — notas: 1, #2, 3, 5, #5, 7, 8]

Uma maneira de pensar a escala é a seguinte: às notas da tríade aumentada de C se adicionam os relativos cromatismos inferiores:

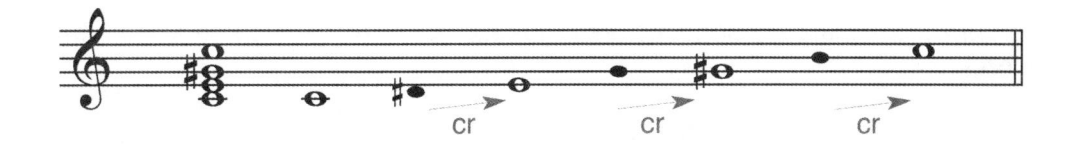

[Notação musical mostrando a tríade aumentada e os cromatismos (cr)]

A escala também pode ser vista como a sobreposição de duas tríades aumentadas; nos exemplos acima, a sobreposição se dá entre a tríade de C$^+$ e a tríade de B$^+$.

Uma primeira análise tonal da escala, indica que pode ser usada sobre um acorde de 7M(#5). Por possuir uma sonoridade tão característica, a escala foge da tonalidade propriamente dita, abrindo a porta para sonoridades particulares. Experimente usar essa escala sobre uma cadência **V7-I**.

**Exemplo 100**

[Notação musical: G7,13 — C7M(#5)]

A escala oferece, por ela mesma, a possibilidade de tocar "IN" e "OUT", ou seja "dentro" e "fora" do acorde. O que é mais marcante é a sonoridade gerada pelos seus intervalos.

Foi dito que qualquer escala simétrica se dá em número limitado de transposições. No caso da escala aumentada, só existem quatro escalas; as outras são a adequação de uma dessas quatro a partir de outro ponto.

Escalas aumentadas

[Notação musical com quatro escalas aumentadas:
- (Notas das escalas de C, E, G# aumentadas)
- (Notas das escalas de Db, F, A aumentadas)
- (Notas das escalas de D, F#, A# aumentadas)
- (Notas das escalas de Eb, G, B aumentadas)]

- ESCALA AUMENTADA INVERTIDA

A sequência alternada de intervalos de um tom e meio e semitons que compõe a escala aumentada pode se apresentar invertida, gerando outra escala simétrica, chamada escala aumentada invertida:

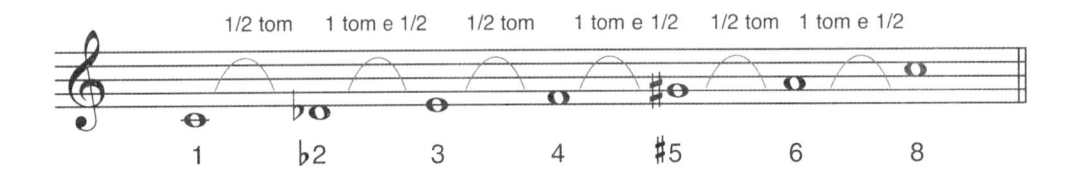

Uma maneira de pensar a escala é a seguinte: às notas da tríade aumentada se adicionam os relativos cromatismos superiores.

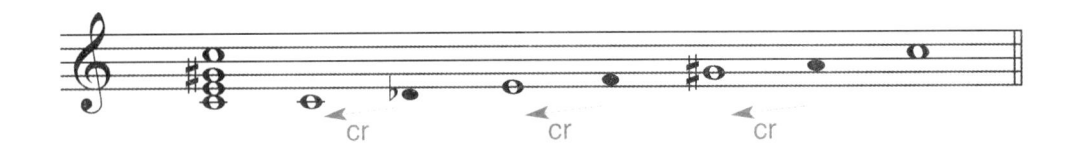

A escala, também, pode ser vista como a sobreposição de duas tríades aumentadas; nos exemplos acima, a sobreposição se dá entre a tríade de C$^+$ e a tríade de D♭$^+$.

O leitor pode notar como as escalas aumentadas invertidas de C, E e G♯ contêm as mesmas notas que as escalas aumentadas de D♭, F, A; o que significa que a escala aumentada invertida é mais uma transposição da escala aumentada.

Escalas aumentadas invertidas

## Aplicação das escalas aumentadas

O uso das escalas aumentadas é documentado na literatura jazzística. Encontra-se em improvisos de solistas como John Coltrane, Michael Brecker, Bob Berg, Richie Beirach, Randy Brecker, David Liebman entre outros, nomes de vanguarda na prática solística do século XX. Devido à característica simétrica da escala, existem várias maneiras de abordar sua aplicação.
Algumas sugestões:

- **a)** Sobre acordes 7M(#5) construir a escala aumentada a partir da fundamental do acorde.

- **b)** Sobre acordes m(7M) construir a escala aumentada a partir do sétimo grau (Maior) do acorde.

- **c)** Sobre acordes m7(b5) construir a escala aumentada a partir do sétimo grau do acorde.

Existem duas possibilidades para a aplicação das escalas aumentadas sobre o acorde de dominante. A primeira é a que considera a resolução desse acorde no acorde uma quinta abaixo. Esse é o caso apresentado no exemplo 100 e aqui em seguida no ponto d).

- **d)** Sobre acordes de dominante que resolvem uma quinta abaixo, construir a escala aumentada invertida a partir da fundamental, ou (que é a mesma coisa) a escala aumentada a partir da fundamental do acorde de resolução.

Outra possibilidade é oferecida tendo como ponto de partida uma escala Lídia b7, usada, por exemplo, quando o acorde de dominante não resolve uma quinta abaixo, como apresentando no ponto e):

- **e)** Sobre acordes de dominante com #11 (escala Lídia b7), construir a escala aumentada a partir do b7 do acorde.

Das escalas aumentadas podem derivar duas células melódicas compostas por quatro notas:

**1)** Célula que começa pelo intervalo de terça menor:

**2)** Célula que começa pelo intervalo de segunda menor:

Ambas as células são muito interessantes. Abaixo, uma frase atonal bastante utilizada, derivada da célula 2, e que pode ser aplicada em vários contextos. Por exemplo, como sobreposição melódica entre uma frase tonal e outra.

**Exemplo 101**

As primeiras notas de cada célula do exemplo 101 evidenciam que ela desce por tons inteiros; portanto existe somente uma transposição dessa frase atonal, apresentada aqui em seguida.

**Exemplo 102**

O leitor interessado nessas sonoridades pode construir outros tipos de frases como, por exemplo, a versão ascendente dos exemplos acima.

*"Não tema os erros. Eles não existem".*
Miles Davis

## - Escala Diminuta S-T

É uma escala simétrica composta por intervalos regulares que se alternam em segundas menores e maiores (ou seja: semitons e tons se alternando). Abaixo a escala (exemplo com relação a C7):

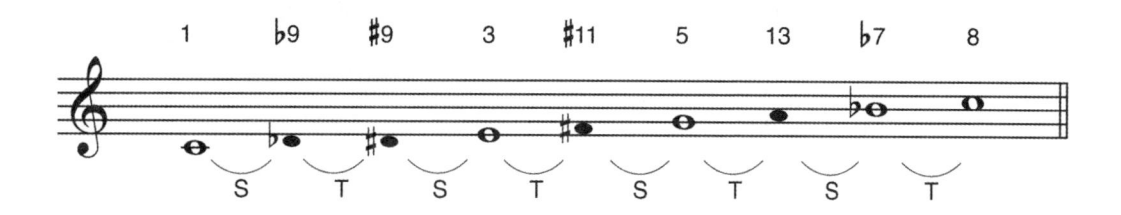

Essa escala é composta pela sobreposição de duas tétrades diminutas:

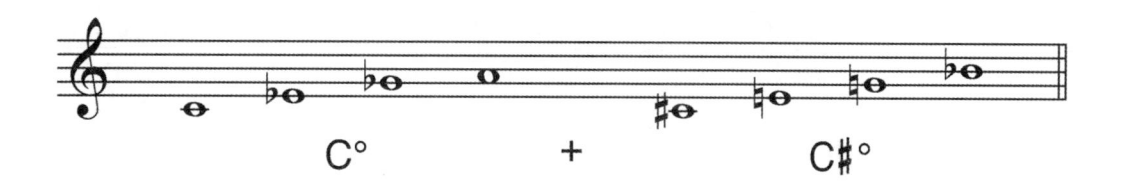

C° + C#°

Em virtude de sua configuração por semitons e tons, existem apenas três escalas Diminutas S-T. Lembre-se que é preciso pensar as notas das escalas enarmonicamente:

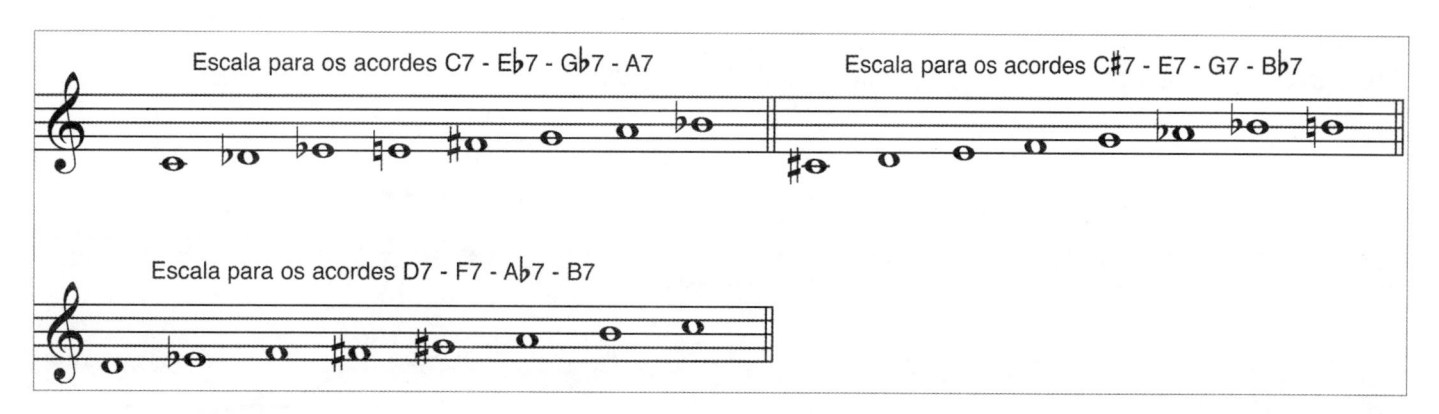

Escala para os acordes C7 - Eb7 - Gb7 - A7

Escala para os acordes C#7 - E7 - G7 - Bb7

Escala para os acordes D7 - F7 - Ab7 - B7

**Aplicação da escala Diminuta S-T:** se dá nos acordes de dominante com 9ª alterada, #11 e 13, principalmente na resolução em maior (devido à 13ª maior, que é característica da tonalidade maior).

**Exemplo 103** Cadência **V7-I** com uso da escala Diminuta S-T:

C7    F7M

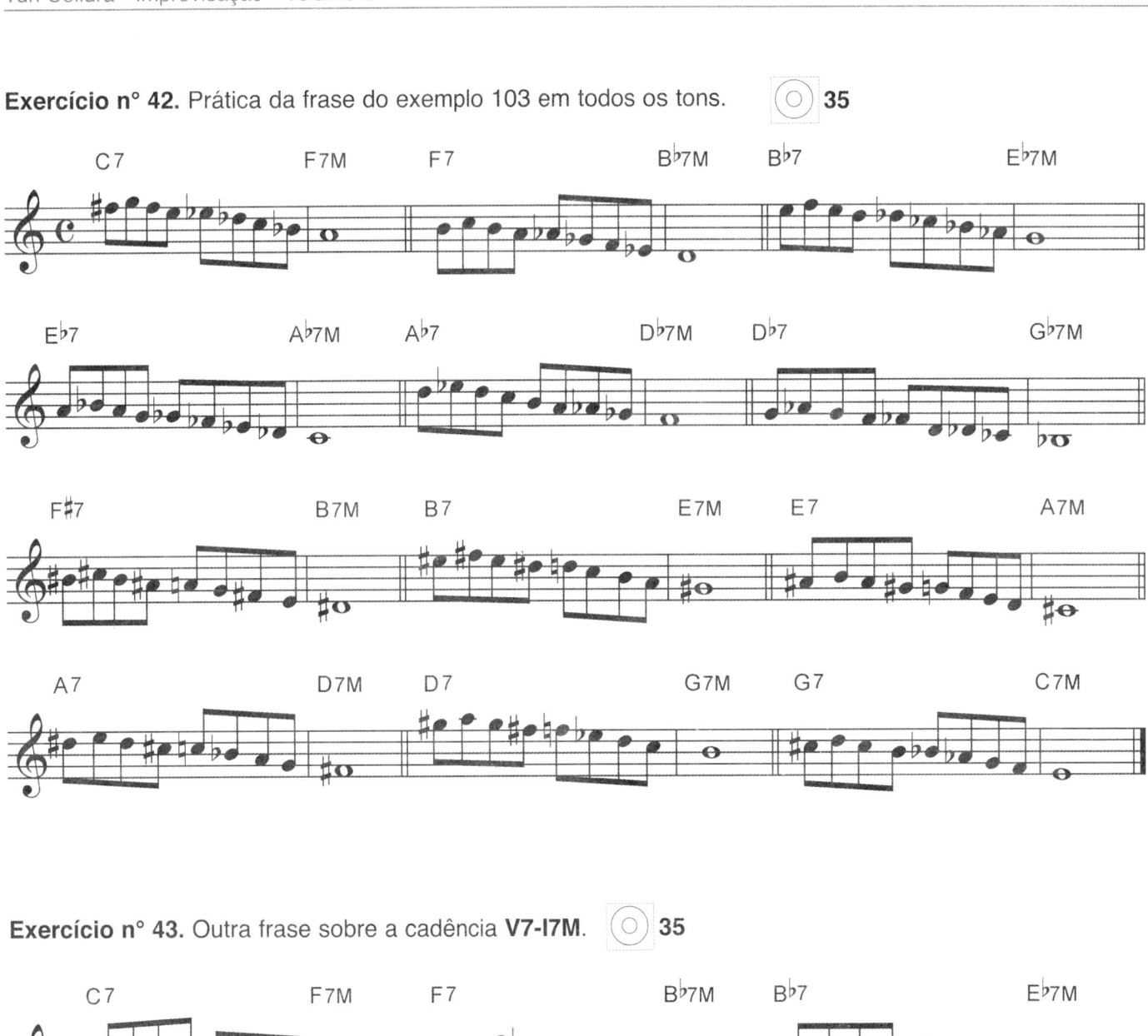

**Exercício nº 42.** Prática da frase do exemplo 103 em todos os tons. 🎧 35

**Exercício nº 43.** Outra frase sobre a cadência **V7-I7M**. 🎧 35

Capítulo 7 - Outras escalas e suas aplicações

A escala Diminuta S-T gera <u>quatro tríades maiores superiores</u>, a partir dos graus 1, ♭3, ♭5 e 6.

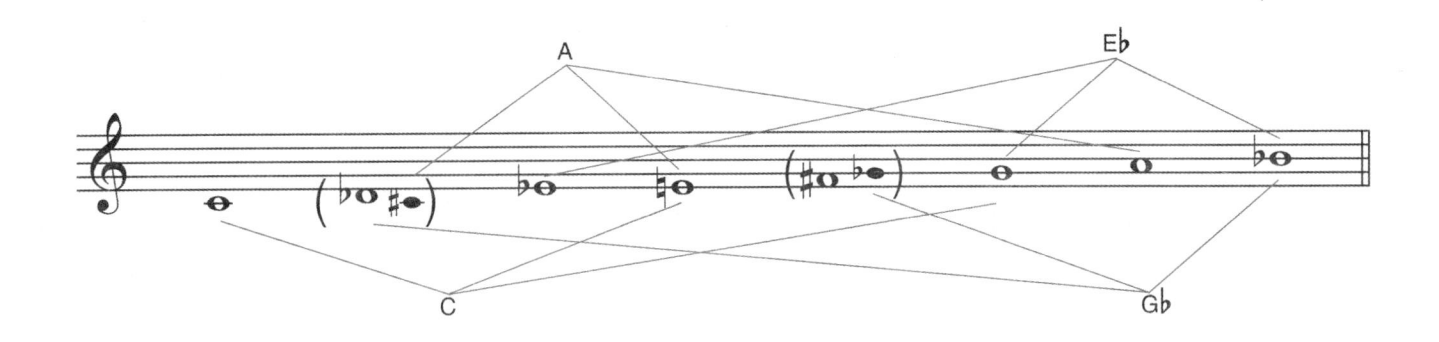

**Exemplo 104** Frase que mistura as tríades da escala Diminuta S-T

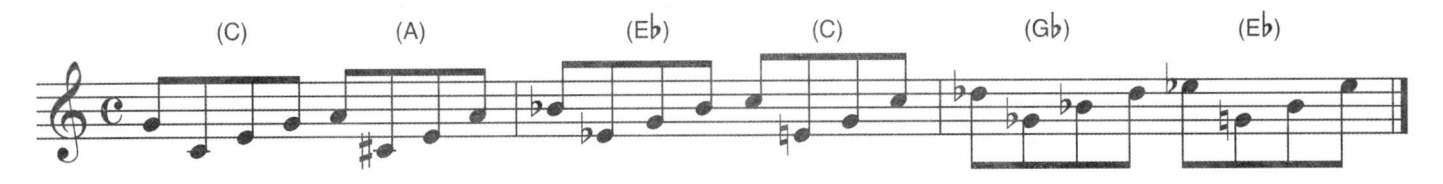

**Exemplo 105** Cadência **V7(13) - I(7M)** usando a escala diminuta S-T. Detecte a presença de tríades:

**Exercício n° 44.** Pratique a transposição da frase do exemplo 105 usando a faixa n°35 do CD.

A escala Diminuta S-T é muito interessante e útil. Observe que é possível transformar as quatro tríades maiores superiores sobre os graus 1-♭3-♭5-♭♭7(6) da escala, em tétrades dominantes superiores (C7, E♭7, G♭7, A7). É possível, também, transformá-las em tríades menores. Assim, as tríades C-E♭-G♭-A podem se transformar em Cm-E♭m-G♭m-Am. Ainda podem se transformar em tétrades diminutas (C°-E♭°-G♭°-A°) ou em tétrades m7 (Cm7-E♭m7-G♭m7-Am7).

A escala Diminuta S-T pode gerar várias estruturas sobrepostas, que podem ser usadas em termos de acordes -como acabamos de ver- ou em termos de intervalos, portanto, em termos melódicos.

A próxima tabela mostra como é possível isolar, da escala S-T, todos os tipos de intervalos, e como a sucessão de tais intervalos é regular, devido ao fato da escala ser simétrica. A partir da tabela apresentada, é possível então criar frases simétricas, cada uma baseada em determinados tipos de intervalo. Apresentarei a tabela e, logo em seguida, algumas idéias de frases que podem ser produzidas, baseadas nela. Sugiro procurar outras possibilidades, estudando as frases que mais lhe agradarem.

## Tabela dos intervalos contidos na escala diminuta S-T de C-E♭-G-A

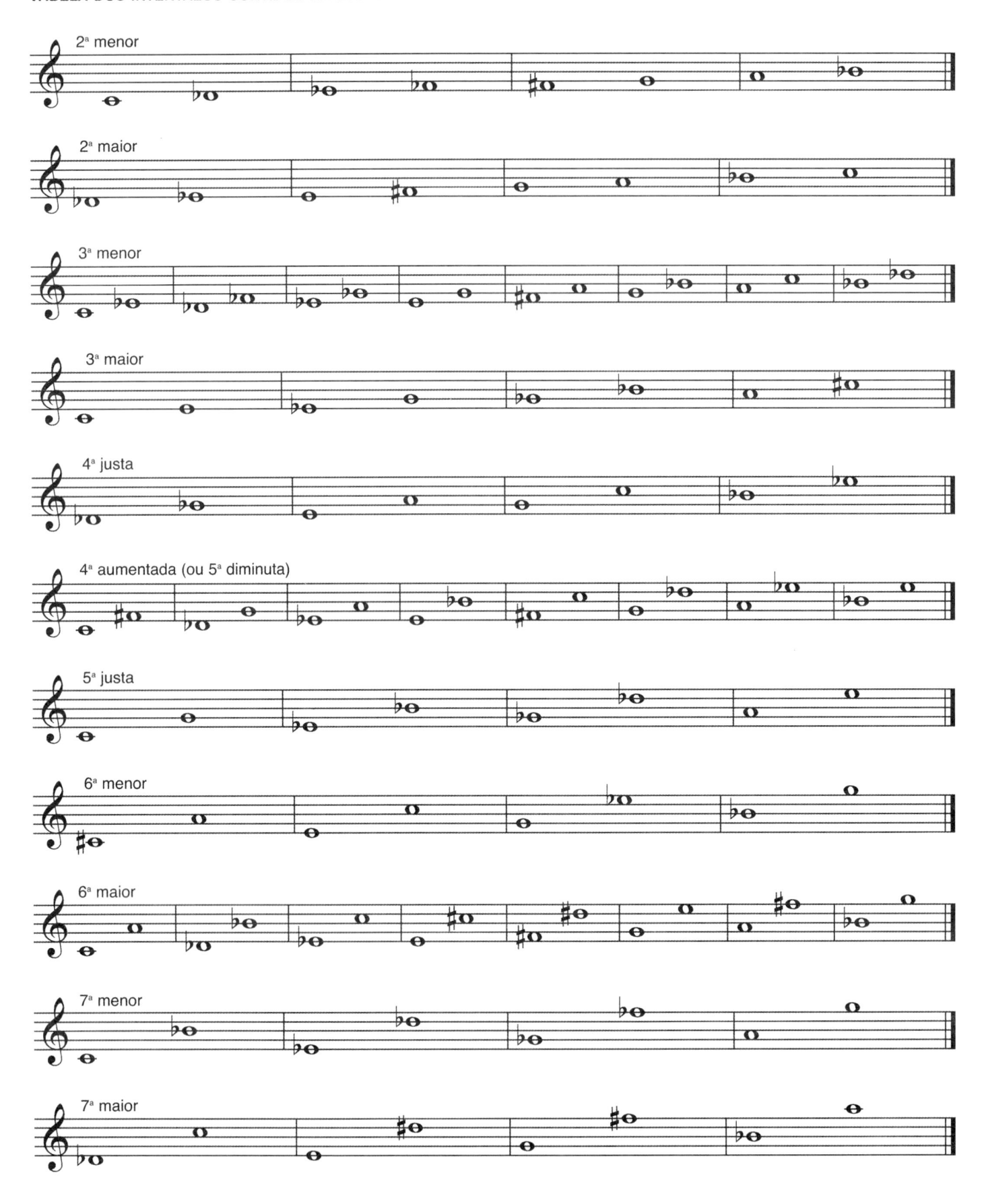

Os intervalos de segunda menor (primeira linha da tabela anterior) podem ser combinados, por exemplo, de forma a compor as seguintes frases (aplicáveis sobre os quatro acordes de dominante C7, E♭7, G♭7, A7):

**Exemplo 106**

Os intervalos de segunda maior (segunda linha da tabela anterior) podem ser combinados, por exemplo, de forma a compor as seguintes frases:

**Exemplo 107**

b) [musical notation]

Exemplos de mistura de intervalos de segunda maior e menor:

**Exemplo 108**

a) [musical notation]

b) [musical notation]

c) [musical notation]

Exemplo de aplicação em uma cadência **V7-I7M**:

**Exemplo 109**

C7,♯9    F7M
[musical notation]

**Exercício n° 45.** Aconselho a construir as tabelas dos intervalos das escalas diminutas S-T relativas a F-A♭-B-D e a G-B♭-D♭-E para memorizar as notas das escalas e então passar a compor frases a partir dos intervalos contidos nelas.

**Exercício n° 46.** Cadências **V7(13) - I7M**: usando as escalas diminutas S-T próprias de cada acorde de dominante, escreva algumas frases diferentes para cada cadência tonalidade.

## - Escala Diminuta T-S

A sequência alternada de segundas menores e maiores que compõe a escala Diminuta S-T pode ser invertida, gerando outra escala simétrica, chamada escala Diminuta T-S.
Abaixo a escala (exemplo com relação a C°):

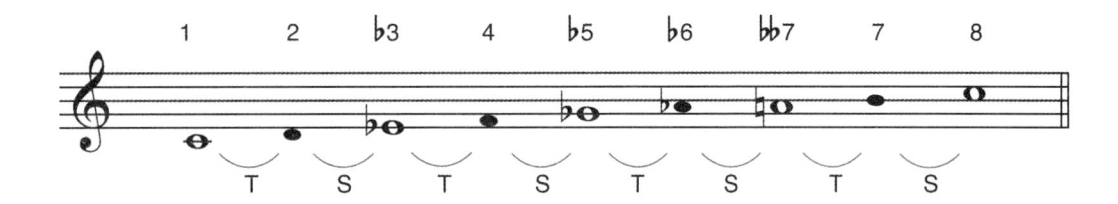

Essa escala é composta pela sobreposição de duas tétrades diminutas:

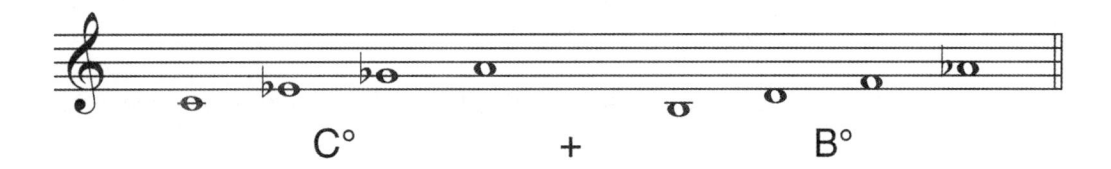

C° + B°

Em virtude de sua configuração por tons e semitons, existem apenas três escalas Diminutas T-S. Lembre-se que é preciso considerar as notas das escalas enarmonicamente:

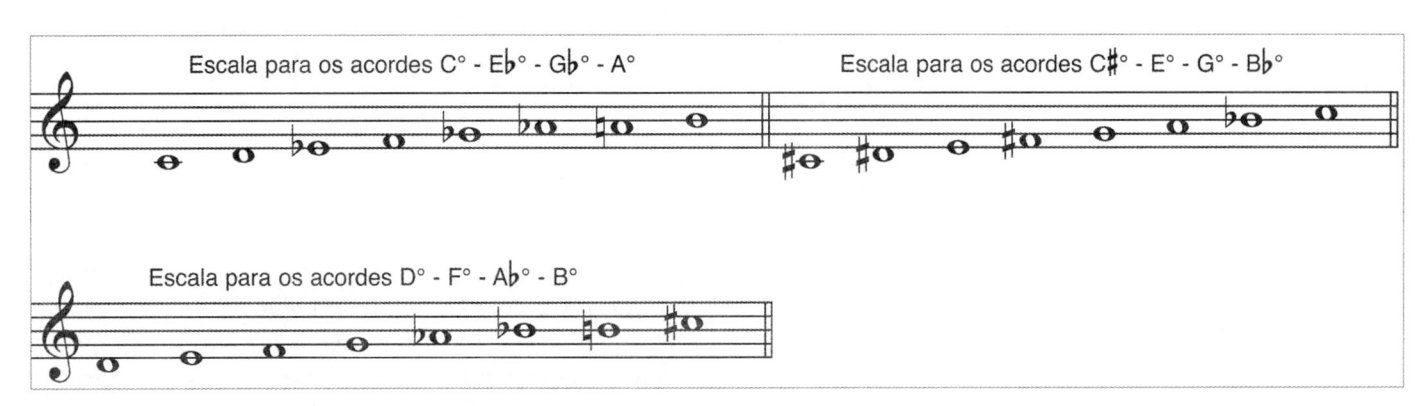

Escala para os acordes C° - Eb° - Gb° - A°

Escala para os acordes C#° - E° - G° - Bb°

Escala para os acordes D° - F° - Ab° - B°

Observe como as notas das escalas Diminutas T-S de C°, Eb°, Gb° e A° contêm as mesmas notas das escalas Diminutas S-T de B7, D7, F7 e Ab7 (compare as duas tabelas). Isto significa que as duas escalas podem ser consideradas uma a realização da outra a partir da nota vizinha.

**Aplicação da escala Diminuta T-S:** dá-se nos acordes diminutos. Para isso se veja o próximo tópico.

Da mesma forma que a Escala Diminuta S-T, a escala Diminuta T-S gera quatro tríades superiores. Essas se constroem a partir dos graus 2, 4, ♭6 e 7:

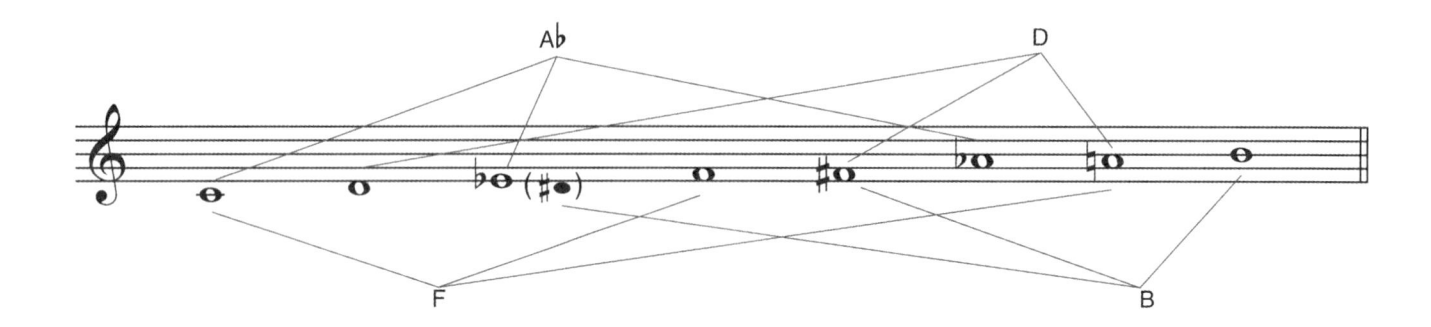

Assim como foi feito para com a escala Diminuta S-T, sugiro traçar a tabela dos intervalos contidos na escala Diminuta T-S (veja página 88 e exercício 45 e adapte-os à nova escala).

Da mesma forma, é interessante combinar frases a partir dos intervalos contidos na escala, assim como proposto nos exemplos 106, 107 e 108.

A escolha da escala a ser usada sobre um acorde diminuto não é unívoca. Esse é argumento do próximo tópico.

> *"Para criar, é preciso ter técnica e libertar-se da técnica. Para isso precisamos praticar até que a técnica se torne inconsciente. Se tivéssemos que pensar nos passos necessários para andar de bicicleta, levaríamos um tombo. [...] Somos capazes de escrever em nossa língua sem pensar em todo o esforço que quando crianças fazíamos para aprender a traçar cada letra".*
> Stephen Nachmanovitch

## 3. ESCALAS DO ACORDE DIMINUTO

Para proceder à escolha da escala a ser usada em um acorde diminuto, é preciso levar em conta a função desse acorde no contexto harmônico em que se acha. Nesse ponto, é preciso que façamos algumas considerações referentes ao estudo da harmonia.

Basicamente, podemos dividir os acordes diminutos em três grupos:

**1) Diminutos com função de dominante**: contém o trítono que resolve no acorde sucessivo. Veja o próximo exemplo:

Exemplo 110

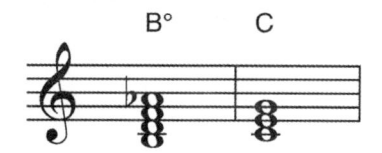

Quando o acorde diminuto tem função dominante, um de seus trítonos resolve no acorde sucessivo. No exemplo ao lado, as notas si e fá (trítono de G7) resolvem no acorde de C.

O uso do acorde diminuto -seja qual for a sua função- está, na maioria das vezes, correlacionado a uma passagem cromática do baixo. Quando a função do acorde de diminuto é de dominante, a fundamental do acorde se acha, normalmente, um semitom abaixo do acorde sucessivo (como no caso do exemplo 110). Se não cifrado corretamente, o acorde diminuto com função de dominante do exemplo 110 poderia se achar escrito como D° ou F° ou ainda A♭°. Trata-se, nesse caso, de inversões do mesmo acorde. Todos esses acordes contém o trítono que resolve no acorde de C. Portanto, por exemplo, se estamos na frente do acorde D° seguido pelo acorde C, podemos suspeitar que o D° seja um acorde diminuto com função dominante disfarçada (D° = B° = A♭° = F°). Um indício disso é o fato de que entre as fundamentais dos dois acordes (o diminuto e o sucessivo) não tem cromatismo.

**AS ESCALAS A SEREM USADAS SOBRE O ACORDE DIMINUTO COM FUNÇÃO DE DOMINANTE**

- Quando o acorde diminuto resolve para um acorde maior, a escala a ser usada é a escala diminuta T-S.

- Quando o acorde diminuto resolve em um acorde menor, pode ser usada a escala Menor Harmônica construída um semitom acima da fundamental do acorde diminuto. Veja o próximo exemplo:

Exemplo 111

Sobre o acorde de B° que resolve para Cm podemos, então, usar a escala de Cm harmônico.

**2) Diminutos com função cromática**: a função do acorde diminuto é cromática todas as vezes que não apresenta a resolução de trítono. Veja o próximo exemplo: as notas do acorde D♭° não contêm um trítono que resolve no acorde de C.

Exemplo 112

Normalmente, quando a função do acorde diminuto é cromática, a fundamental do acorde está um semitom acima do acorde sucessivo.

Esse é, por exemplo, o caso do acorde diminuto contido no começo da música *Wave* (Tom Jobim). Lá, o acorde B♭° tem função cromática.

**A ESCALA A SER UTILIZADA SOBRE O ACORDE DIMINUTO COM FUNÇÃO CROMÁTICA** é a diminuta T-S. O próximo exemplo mostra a aplicação da escala.

Exemplo 113  Primeiras escalas da *Estrutura Harmônica n°2* (por exemplo, *Wave*, de T. Jobim)

**3) Diminuto Auxiliar**: a função do diminuto se diz Auxiliar quando a fundamental do acorde é a mesma do acorde que segue. Por exemplo, C° seguido por C7M. Veja o próximo exemplo:

Exemplo 114

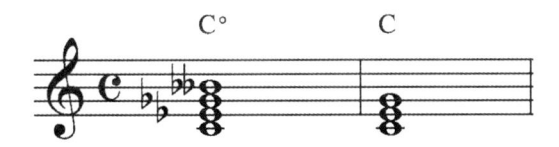

**A ESCALA A SER UTILIZADA SOBRE O ACORDE DIMINUTO COM FUNÇÃO AUXILIAR** é a diminuta T-S.

Podemos constatar que, com a exceção do acorde diminuto com função de dominante que resolve para um acorde menor, em todos os outros casos a escala usada é sempre a diminuta T-S.

*"Não toque o que está aí, toque o que não existe".*
Miles Davis

## 4. ESCALAS *BE-BOP*

A evolução do idioma jazzístico depois da assim chamada "Era do Swing", levou os músicos à busca de sonoridades mais ricas, que superassem o uso das escalas de sete sons. A busca dos músicos *be-bop* foi então na direção da inserção de alguns cromatismos nessas escalas. Aos poucos, de forma sistemática, se constituíram novas escalas, compostas por oito notas, acrescentando uma nota às escalas "tradicionais". O resultado é incrivelmente útil. A primeira vantagem oferecida pelas novas escalas é que uma sequência de oito notas se encaixa muito melhor do que uma escala de sete nos compassos binários da cultura musical ocidental. Oito notas podem se dividir em 4+4, constituindo dois grupos de colcheias ou semicolcheias, de forma mais vantajosa do que uma escala de sete notas. A segunda vantagem é oferecida pela riqueza dos grupos de notas que procedem por semitons, possuída por cada escala *be-bop*. São apresentadas aqui as principais escalas:

### 1) Escalas *be-bop* com função de dominante

- **Escala Mixolídia *be-bop*:** adiciona-se à escala Mixolídia um cromatismo entre as notas 8 e ♭7.

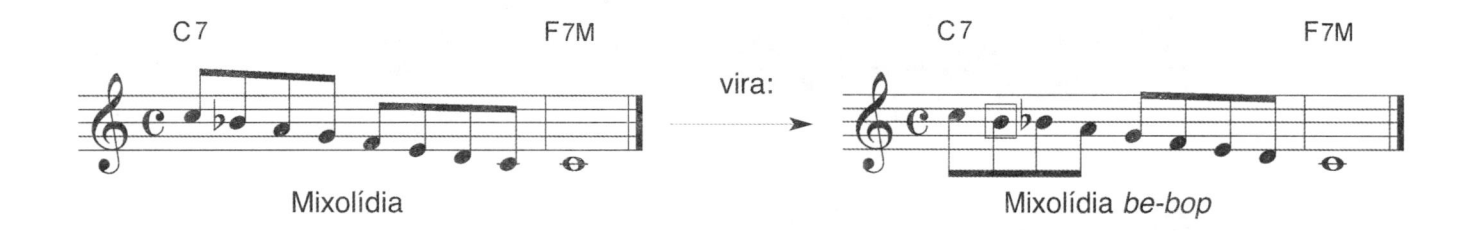

Com oito notas organizadas em dois grupos de quatro, a nota de chegada pode ser facilmente a mesma da nota de partida, essa última uma oitava acima. Pode-se notar que a escala Mixolídia *be-bop* oferece as seguintes vantagens:

- As notas do acorde caem nos tempos fortes 1 e 3.
- Começando pela fundamental do acorde de dominante, a nota de resolução melódica cai "naturalmente" sobre uma nota do acorde sucessivo (na figura acima representada pela nota Dó, que se torna o quinto grau de F maior).

A escala Mixolídia *be-bop* é composta pela sequência 1-2-3-4-5-6-♭7-7-8. Normalmente as escalas *be-bop* são pronunciadas de forma descendente; isso não exclui, porém, a possibilidade de tocá-las de forma ascendente.

A escala pode começar a partir das outras notas da tríade. Veja o próximo exemplo:

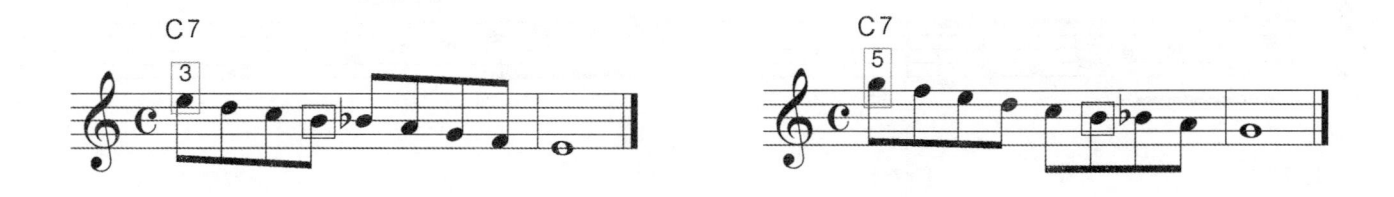

**Exemplo 111**

Exemplo 112  Algumas frases típicas da linguagem *be-bop*

a)

b)

c)

d)

Outros cromatismos podem, eventualmente, ser utilizados.

Exemplo 113  Combinação da escala Mixolídia *be-bop* com a cromatização ao 5° grau do acorde

**Exercício n° 47.** Com o auxílio da faixa n°35 do CD pratique as escalas de dominante *be-bop* na cadência **V7-I**.

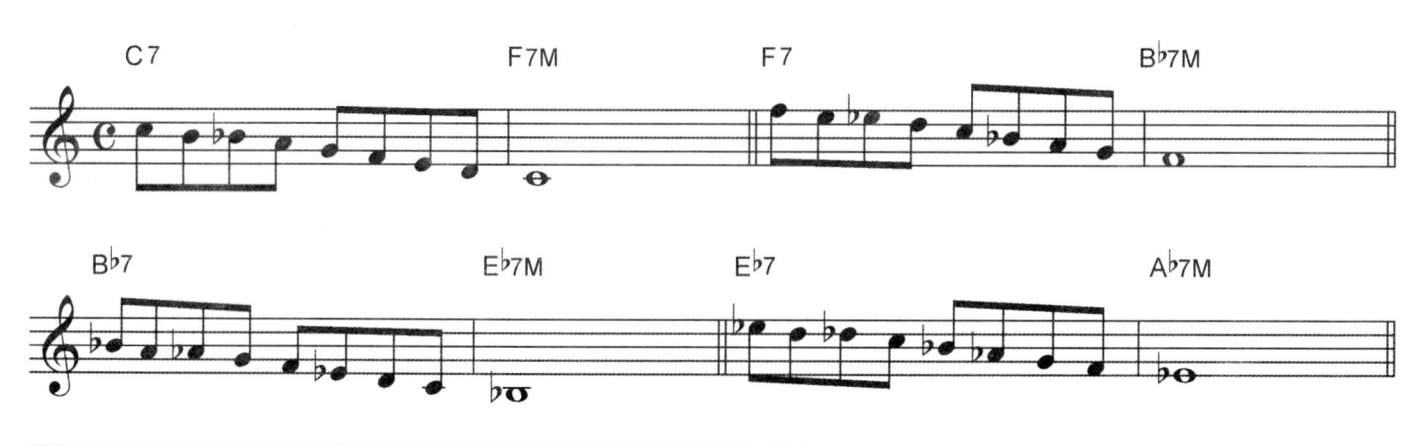

- **Escala Superlócria *be-bop* (ou *be-bop* alterada)**: adiciona-se à escala Superlócria um cromatismo entre as notas 8 e ♭7. Assim, a escala Superlócria *be-bop* é composta pela sequência 1-♭2-♯2-3-♭5-♭6-♭7-**7**-8:

- **Escala Mixolídia ♭9,♭13 *be-bop***: adiciona-se à escala Mixolídia (♭9,♭13) (5° modo da escala Menor Harmônica) um cromatismo entre as notas 8 e ♭7. Assim, a escala é composta pela sequência 1-♭2-3-4-5-♭6-♭7-**7**-8:

De forma geral, todas as escalas *be-bop* com função de dominante aqui apresentadas, acrescentam um cromatismo às escalas originais, estando esse sempre situado entre as notas 8 e ♭7.

**Exercício n° 48.** Com o auxílio da faixa n°33 do CD pratique as escalas Superlócrias *be-bop* e Mixolídia (♭9,♭13) *be-bop* na cadência **V7alt-Im** (a sequência dos acordes está na página 76).

## 2) ESCALAS BE-BOP COM FUNÇÃO DE TÔNICA

**- Escala Maior be-bop (Jônica be-bop):** adiciona-se à escala Jônica um cromatismo entre o 6° e o 5° graus. É composta, então, pela sequência 1-2-3-4-5-♭6-6-7-8:

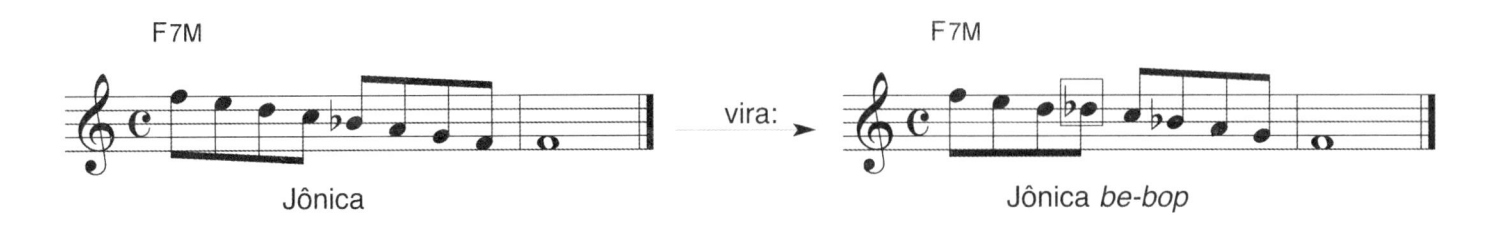

Jônica    vira:    Jônica be-bop

Como no caso das outras escalas be-bop, a escala Maior be-bop pode ser começada a partir das outras notas da tríade.

Exemplo 114

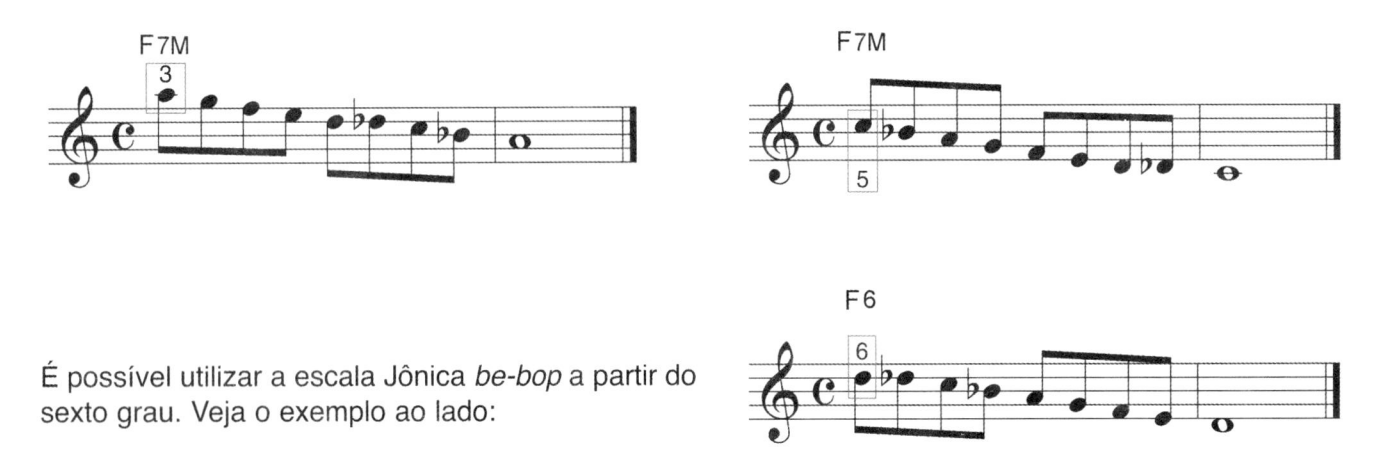

É possível utilizar a escala Jônica be-bop a partir do sexto grau. Veja o exemplo ao lado:

Quando a frase começa a partir de 7, 9 e 11, a adição de mais um cromatismo se faz interessante, permitindo que a frase chegue a uma nota do acorde. Veja o exemplo seguinte:

Exemplo 115

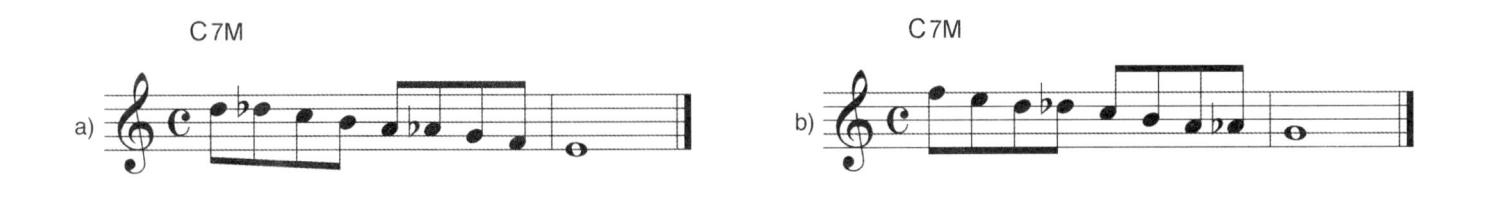

No que se refere à Tônica menor, é possível usar duas escalas:

- **Tônica menor com sétima maior (escala Menor Melódica)**: sua versão *be-bop* adiciona à escala um cromatismo entre o 6° e o 5° graus, sendo assim composta pela sequência 1-2-♭3-4-5-♭6-6-7-8:

Cm(7M)

- **Tônica menor com sétima menor**: sua versão *be-bop* adiciona à escala Dórica um cromatismo entre o 6° e o 5° graus, sendo composta pela sequência 1-2-♭3-4-5-♭6-6-♭7-8:

Cm7

Sobre um acorde de tônica menor com sétima menor pode-se usar a escala Dórica. Isso se dá, por exemplo, nas músicas do assim chamado jazz modal, entre as quais, por exemplo, a música *So what* de Miles Davis.

3) ESCALA DÓRICA *BE-BOP* (usada sobre um acorde com função de IIm7, portanto sem função de tônica): adiciona-se à escala Dórica um cromatismo entre o ♭3 e o 4. A escala apresenta, ao mesmo tempo, a terça menor e a terça maior. Trata-se, na verdade, de um cromatismo ao ♭3. Assim, a escala Dórica *be-bop* é composta pela sequência 1-2-♭3-**3**-4-5-6-♭7-8:

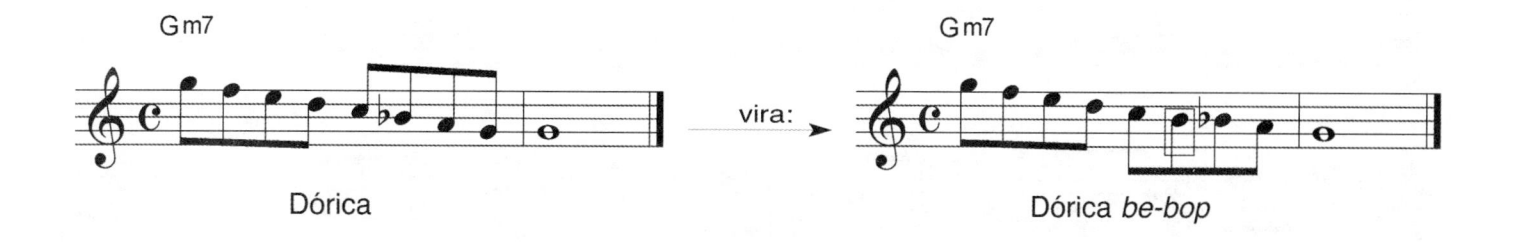

Gm7                                  Gm7

Dórica           vira:              Dórica *be-bop*

Observe que, em uma sequência **IIm7-V7**, a escala Dórica *be-bop* sobre o IIm7 contém as mesmas notas da escala Mixolídia *be-bop* sobre o V7. O que significa que pode-se pensar em uma só escala. As frases do exemplo 112 (pág. 96) podem ser referidas, portanto, a movimentos cadenciais **IIm7-V7**:

**Exemplo 117**

a) [Gm7 — C7 — F7M]

b) [Gm7 — C7 — F7M]

**Exemplo 118** Exemplo de frase *be-bop* que começa pela fundamental do acorde IIm7:

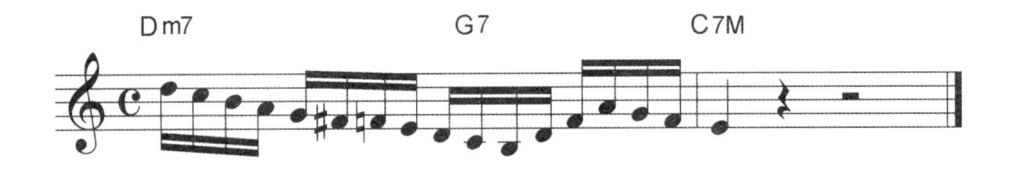

[Dm7 — G7 — C7M]

**Exercício n° 49.** Servindo-se das escalas *be-bop*, crie melodias sobre as sequências **IIm7-V7-I7M** nas várias tonalidades. Utilize a faixa n°4 do CD para treinar.

[Dm7 — G7 — C7M — C7M]

[Cm7 — F7 — B♭7M — B♭7M]

[B♭m7 — E♭7 — A♭7M — A♭7M]

[A♭m7 — D♭7 — G♭7M — G♭7M]

[F♯m7 — B7 — E7M — E7M]

Capítulo 7 - Outras escalas e suas aplicações

Sugiro usar as escalas contidas nesse exercício somente como referência inicial. Depois de tê-las aprendido, sugiro praticar frases livremente, a partir de outras notas das escalas.

**4) Escala meio diminuta *be-bop* (Lócria *be-bop*):** adiciona-se à escala Lócria um cromatismo entre o ♭6 e o ♭5. É composta pela sequência 1-♭2-♭3-4-♭5-5-♭6-♭7-8:

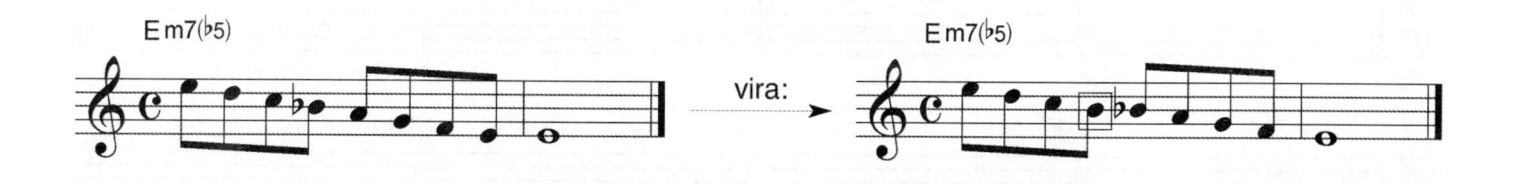

Note que as notas dessa escala são as mesmas da escala de C7 Mixolídio *be-bop*. Em termos tonais, vimos que o principal uso do acorde meio diminuto se dá na cadência na modalidade menor **IIm7(♭5) - V7 - Im**.

**Exemplo 119** Frases *be-bop* na cadência em menor

**Exercício nº 50.** Escreva as escalas *be-bop* e crie melodias sobre as sequências **IIm7(♭5) - V7alt - Im** nas várias tonalidades. Utilize a faixa nº34 do CD para treinar.

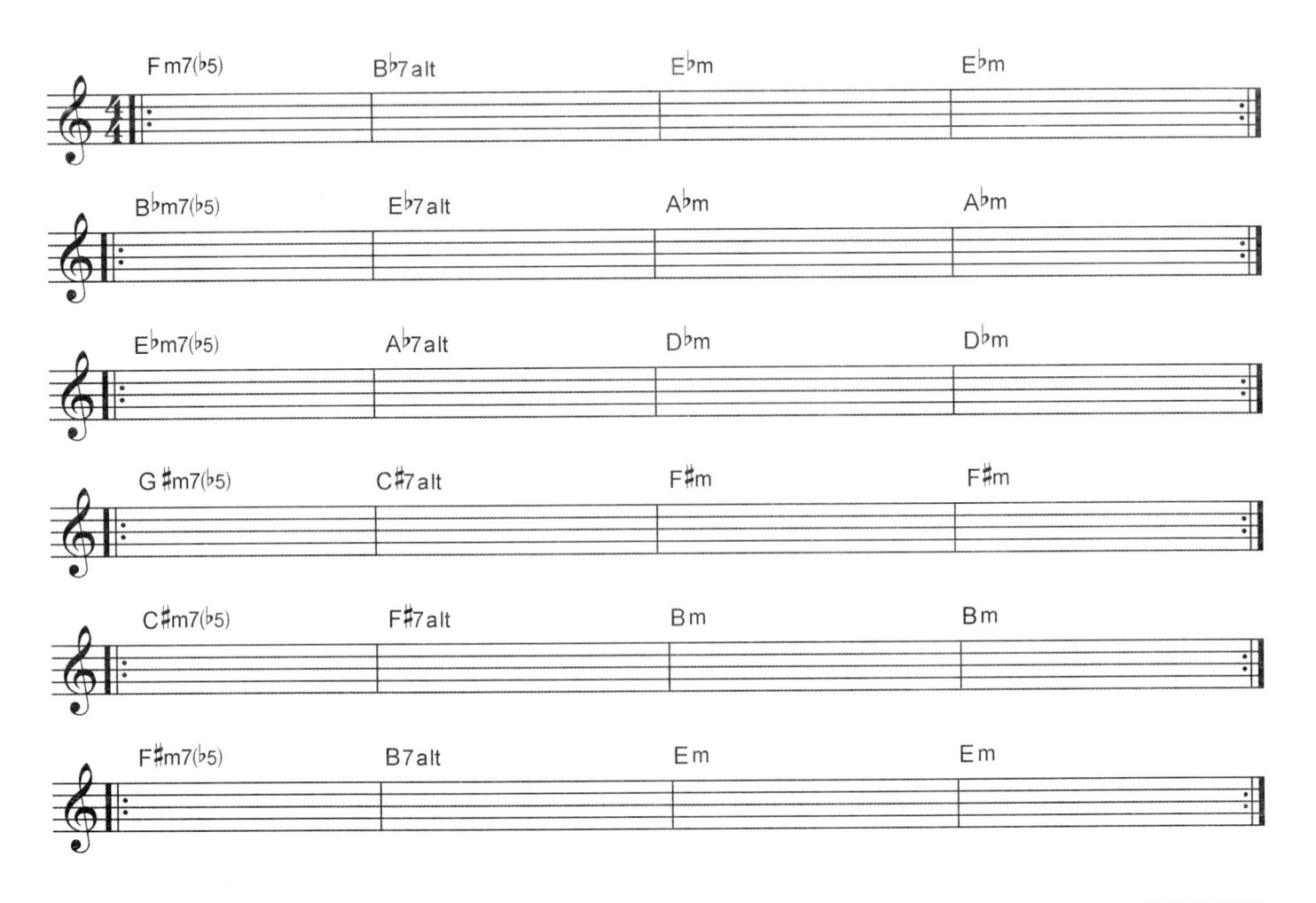

| Bm7(♭5) | E7alt | Am | Am |

| Em7(♭5) | A7alt | Dm | Dm |

| Am7(♭5) | D7alt | Gm | Gm |

| Dm7(♭5) | G7alt | Cm | Cm |

| Gm7(♭5) | C7alt | Fm | Fm |

| Cm7(♭5) | F7alt | B♭m | B♭m |

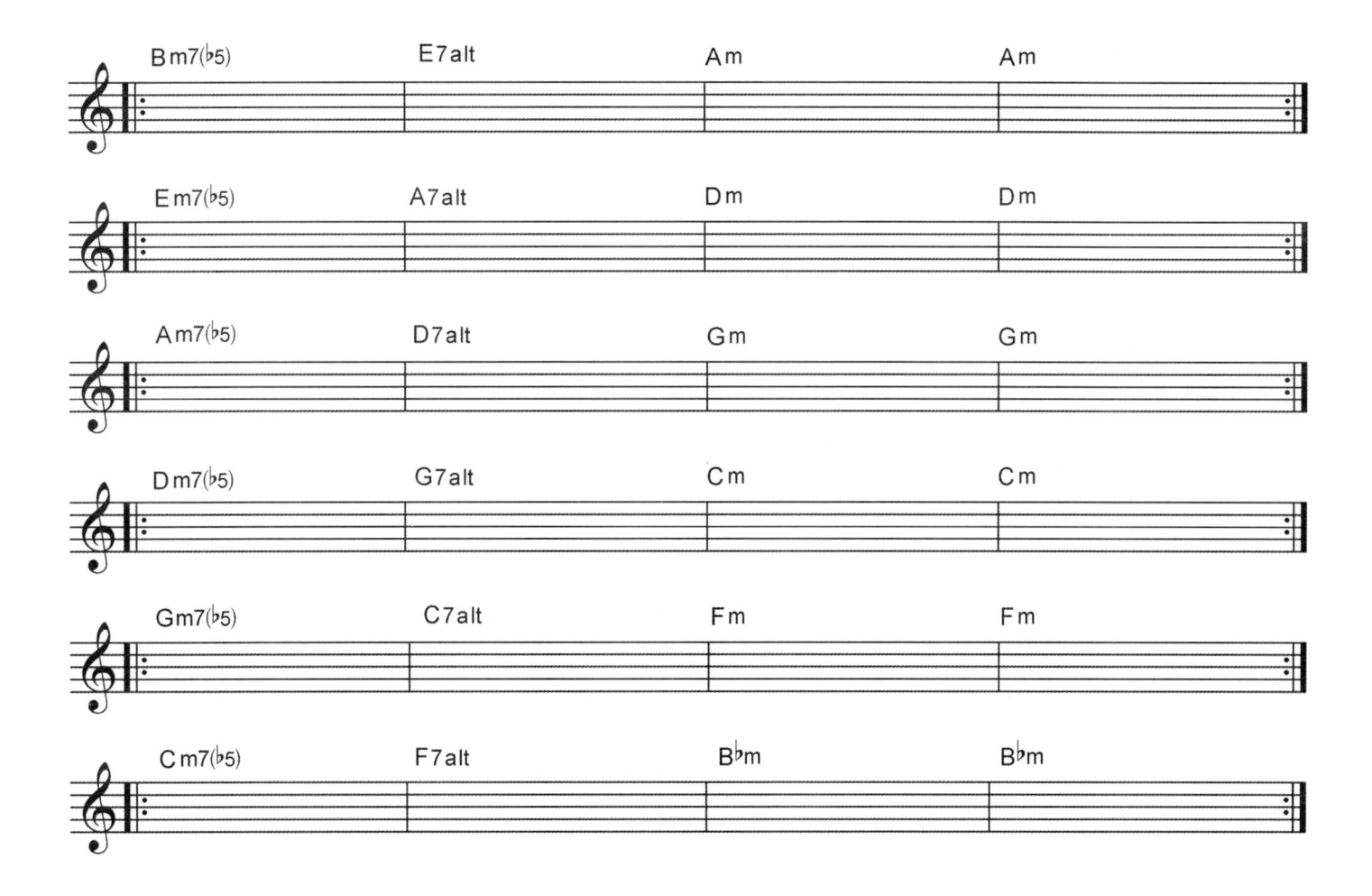

### SOBRE A UTILIZAÇÃO DAS ESCALAS *BE-BOP*

O jazz influenciou a linguagem musical do século XX. Da mesma forma, as escalas *be-bop* passaram a ser usadas em outros estilos musicais, e hoje não são mais uma exclusividade daquela linguagem. Hoje em dia são usadas, por exemplo, por muitos instrumentistas brasileiros, assim como por instrumentistas de várias partes do mundo, contaminando outras culturas musicais. Não conheço nenhum improvisador que utilize exclusivamente escalas *be-bop* nos próprios improvisos, mas certamente, misturadas com outros materiais, elas representam uma boa ferramenta para acrescentar, de forma musical, úteis cromatismos às notas das escalas, enriquecendo a própria sonoridade.

# ESTRUTURAS SUPERIORES (2ª PARTE): IMPROVISAÇÃO CONTEMPORÂNEA

## 1. NOVAS TRÍADES SUPERIORES PARA A IMPROVISAÇÃO

No capítulo 4, foi apresentado o conceito das estruturas superiores, representadas pelas tríades maiores derivadas de cada escala do campo harmônico diatônico maior.
Neste capítulo são ampliadas as possibilidades oferecidas pelas estruturas superiores, considerando também as outras escalas apresentadas até agora, com ênfase nas escalas maior, Menor Melódica e diminuta.

### OUTRAS TRÍADES DO CAMPO HARMÔNICO DIATÔNICO MAIOR

A tabela seguinte mostra como cada escala do campo harmônico diatônico maior pode gerar outras tríades maiores, além das apresentadas anteriormente.

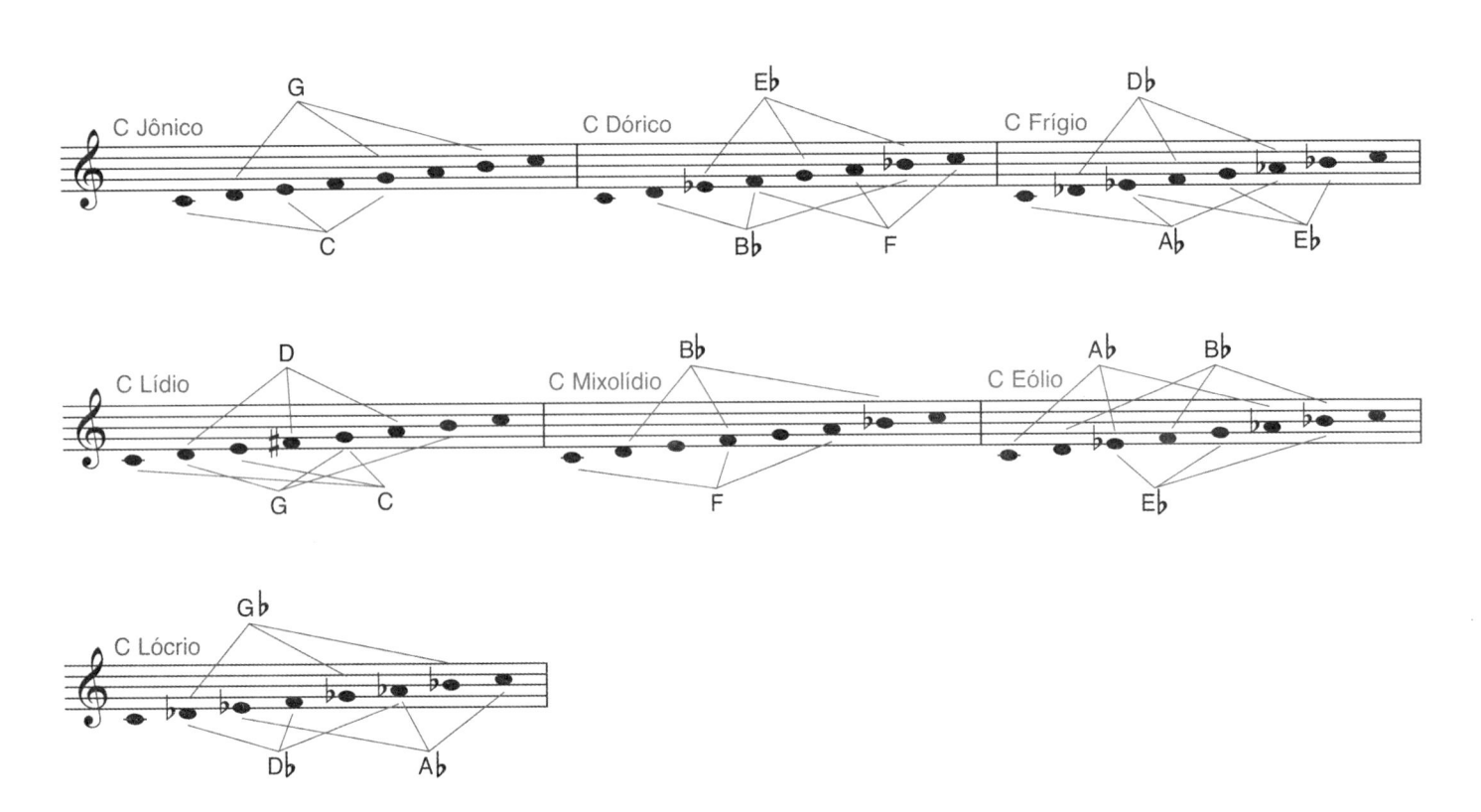

As novas tríades evidenciadas acima revelam a possibilidade de utilizar um número maior de combinações sobre cada escala. A tabela seguinte mostra as possibilidades relativas a cada escala do campo harmônico diatônico maior. À escala Jônica foi acrescentada a tríade sobre o segundo grau, característica da escala Lídia; essa tríade pode ser usada todas as vezes em que queremos enriquecer a sonoridade de um acorde maior 7M com um ♯4.
Assim como dito no capítulo 4, é possível acrescentar cada uma dessas tríades com o próprio 2° grau (utilizando, assim, a fórmula n°6 apresentada no Volume 1 desta obra).

Capítulo 8 - Estruturas superiores (II): Improvisação contemporânea

## TABELA COMPLETA DAS TRÍADES MAIORES DO CAMPO HARMÔNICO MAIOR:

| Escala | Tríade Maior sobre o grau: |
|---|---|
| Jônica | I + V + II (lídia) |
| Dórica | ♭III + ♭VII + IV |
| Frígia | ♭II + ♭VI + ♭III |
| Lídia | II + V + I |
| Mixolídia | veja a Tabela relativa à Área de Dominante (pág.110) |
| Eólia | ♭VI + ♭III + ♭VII |
| Lócria | ♭V + ♭II + ♭VI |

Exemplo em C Maior:

| Escala | Tríades Maiores: |
|---|---|
| Jônica | C + G + D (lídia) |
| Dórica | E♭ + B♭ + F |
| Frígia | D♭ + A♭ + E♭ |
| Lídia | D + G + C |
| Mixolídia | veja a Tabela relativa à Área de Dominante (pág.110) |
| Eólia | A♭ + E♭ + B♭ |
| Lócria | G♭ + D♭ + A♭ |

APLICAÇÃO DAS NOVAS TRÍADES SUPERIORES NA IMPROVISAÇÃO

A primeira (e mais óbvia) vantagem oferecida por um número maior de tríades superiores, é a riqueza do material que se tem à disposição. A segunda, talvez menos óbvia mas muito interessante, ressalta como as novas tríades estão em **relação de quinta descendente,** ou em **relação diatônica,** com as tríades maiores apresentadas precedentemente. Aqui abaixo se analisa cada escala e suas tríades superiores.

- **Escala Jônica**: mistura da tríade sobre a fundamental (I) com as tríades sobre o quinto grau (V) e sobre o segundo grau (II, emprestado pela escala Lídia). Note a relação de quintas descendentes entre as tríades:

Exemplo 120 — 36

C7M

(D) → (G) → (C)

- **Escala Dórica**: mistura da tríade sobre o ♭III com a tríade sobre o ♭VII. Aqui, também, as duas tríades estão em relação de quinta descendente (B♭ → E♭):

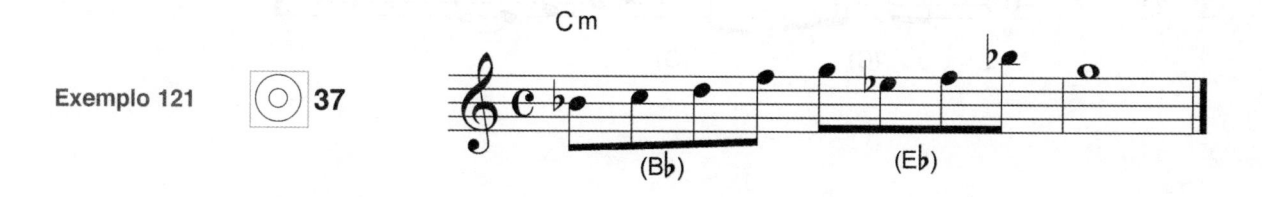

Exemplo 121 — 37

Cm

(B♭) (E♭)

Pode-se, também, usar o movimento diatônico das duas tríades sobre o III e IV graus. Esse tipo de movimento, em comparação com o movimento por quintas descendentes, apresenta uma vantagem: as duas tríades têm menos afinidade entre si. Veja o exemplo em Cm Dórico:

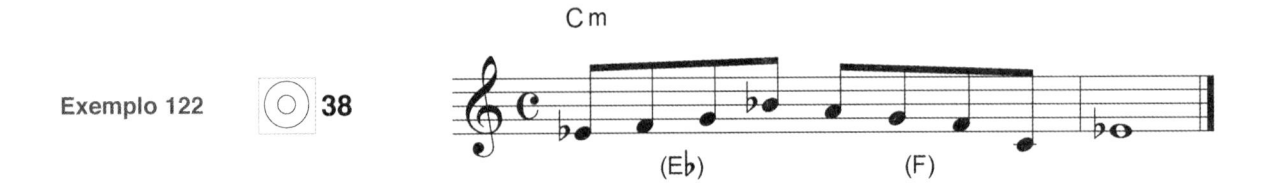

Exemplo 122    ⊙ 38

O próximo exemplo mostra a tríade sobre o IV grau em relação de quinta descendente com a tríade sobre o ♭VII que, por sua vez, está em relação de quinta descendente com a tríade sobre o ♭III. Olhe o movimento:

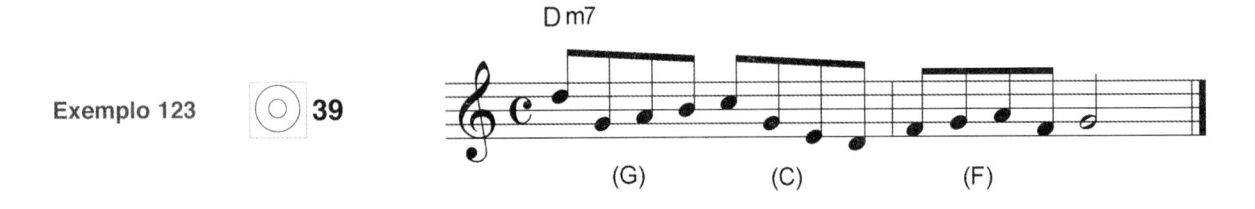

Exemplo 123    ⊙ 39

Pode-se inverter a ordem:

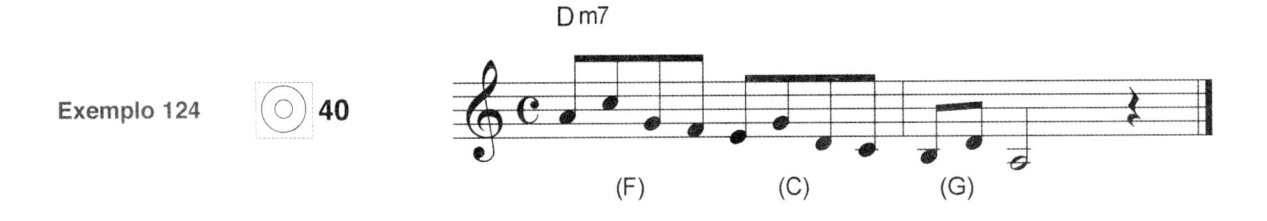

Exemplo 124    ⊙ 40

- **Escala Frígia**: mistura da tríade sobre o ♭VI com a tríade sobre o ♭III:

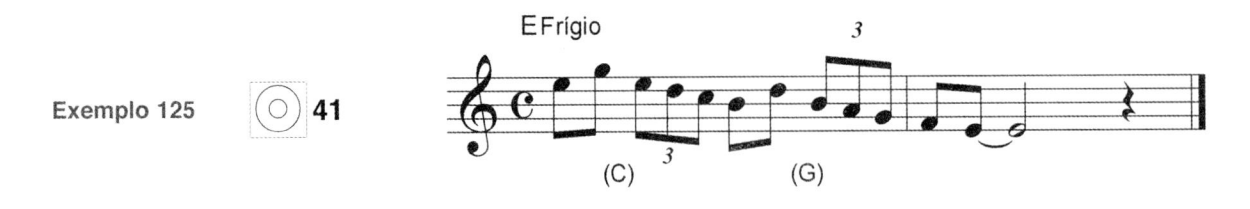

Exemplo 125    ⊙ 41

Capítulo 8 - Estruturas superiores (II): Improvisação contemporânea

Combinação das tríades sobre os ♭III e ♭II (relação diatônica):

Exemplo 126  42  E frígio  (G)  (F)

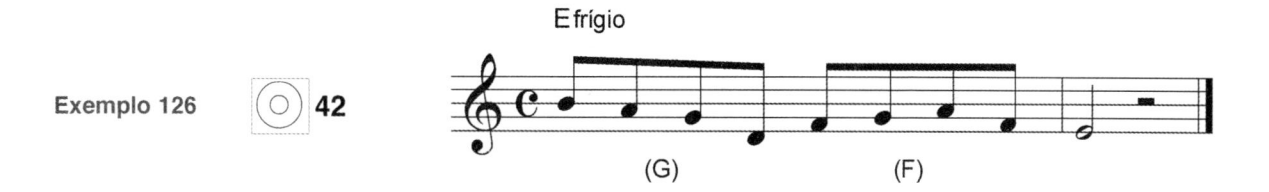

- **Escala Lídia**: Combinação da tríade sobre o II com a tríade sobre o V (relação de quinta descendente):

Exemplo 127  43  C7M(#11)  (D)  (G)

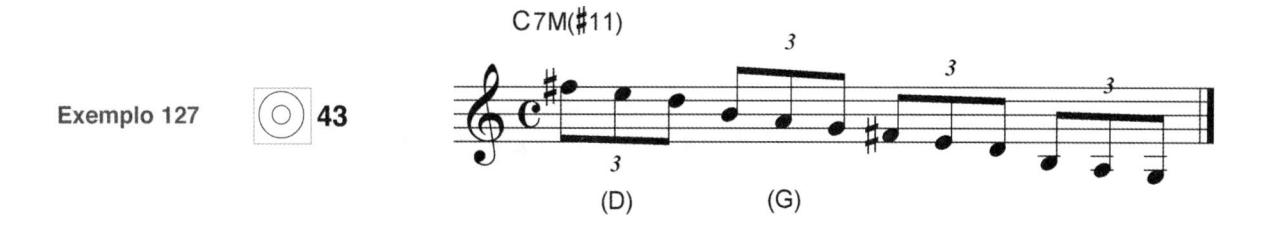

Combinação das duas tríades sobre o II e o I graus (relação diatônica):

Exemplo 128  44  C7M(#11)  (C)  (D)

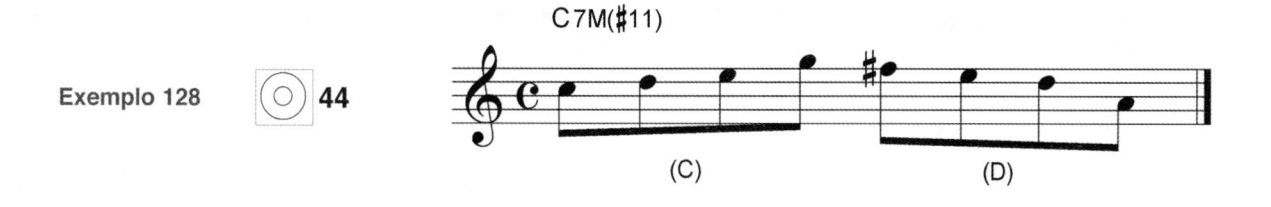

- **Escala Mixolídia**: será tratada mais à frente (veja o tópico relativo à Área de Dominante).

- **Escala Eólia**: mistura da tríade sobre o ♭III com a sobre o ♭VI (correlação de quintas):

Exemplo 129  45  C Eólio  (A♭)  (E♭)

105

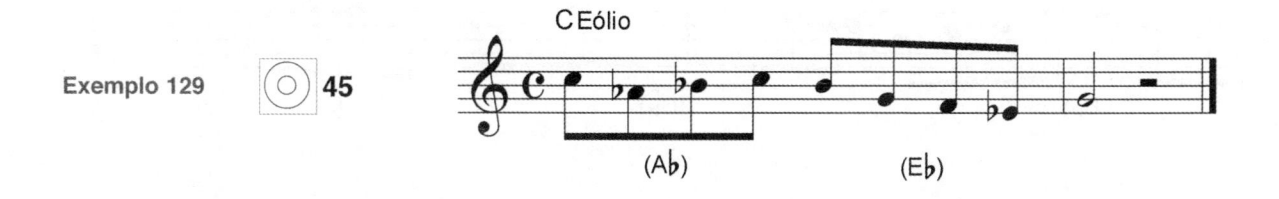

Combinação das duas tríades a partir de ♭VI e ♭VII:

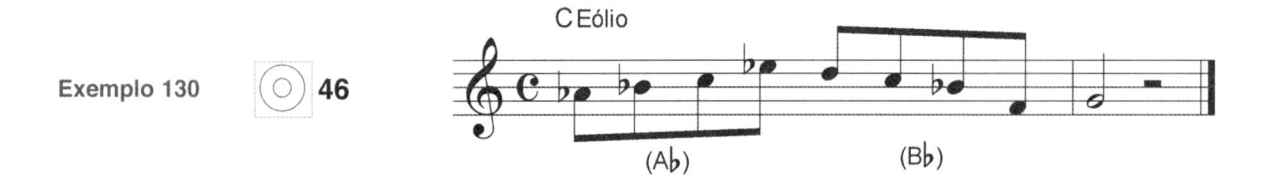

Exemplo 130 — 46

- **Escala Lócria**: mistura da tríade sobre o ♭II com a tríade sobre o ♭V (relação de quinta descendente):

Exemplo 131 — 47

Ainda, a escala Lócria admite o uso da tríade a partir do ♭VI; essa está em relação de quinta descendente com a tríade a partir do ♭II. O Lócrio pode, também, conter a tríade sobre o ♭VII, derivada da escala Lócria 2M. A sonoridade dela é muito interessante.
Aqui um exemplo de uso das tríades superiores em um **IIm7(♭5)-V7alt-Im**:

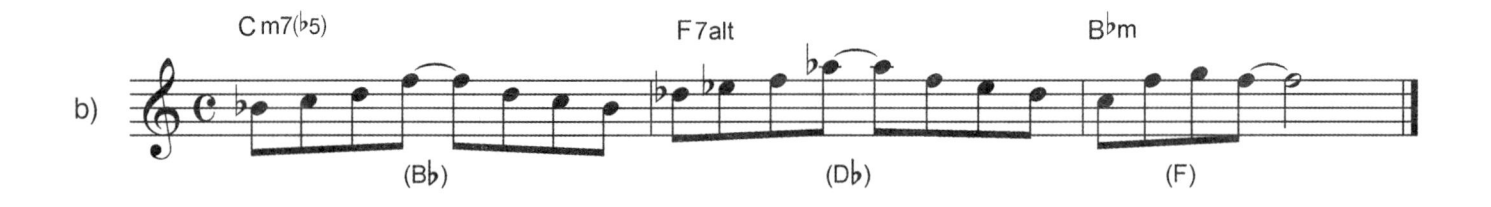

Exemplo 132 — 48

## 2. TRÍADES SUPERIORES DERIVADAS DA ESCALA MENOR MELÓDICA
(todos os exemplos em Dó):

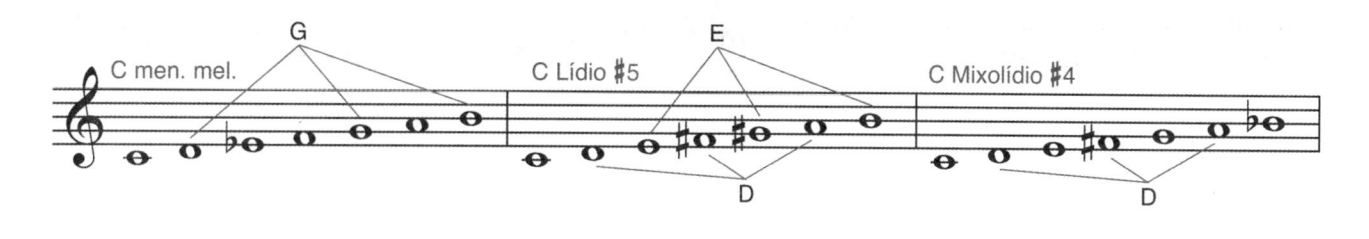

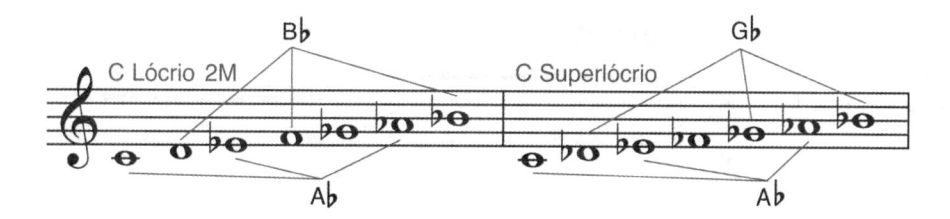

(Não são aqui consideradas as escalas Dórica ♭2 e Mixolídia ♭13).

A análise das tríades apresentadas permite observar que:

**Exemplo 133**
- Em um acorde m(7M) com função de tônica, é possível usar a tríade maior construída so-bre o V grau.

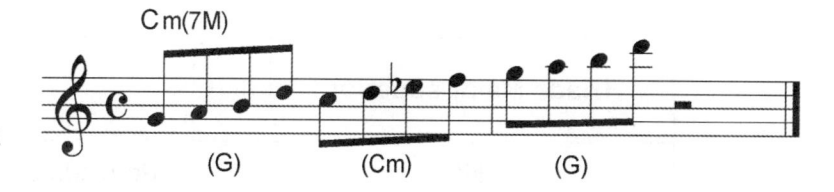

**Exemplo 134**
- Em um acorde maior (7M,♯5) é possível aplicar a escala Lídia♯5, que oferece uma tríade nova para o acorde maior (7M): a tríade cons-truída a partir do III grau.

**Exemplo 135**
- Em um acorde de dominante ♯11, é possível usar a escala Lídia ♭7, que oferece a tríade a partir do II grau.

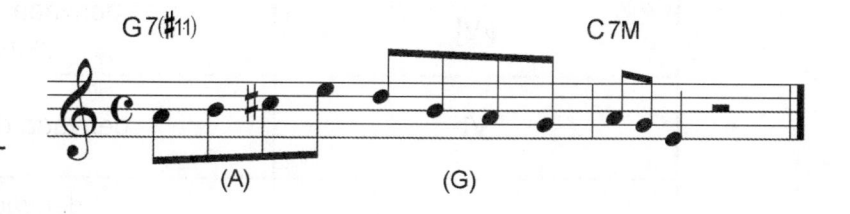

**Exemplo 136**
- Sobre um acorde de dominante alterado, é possível usar as tríades a partir de ♭V e ♭V.

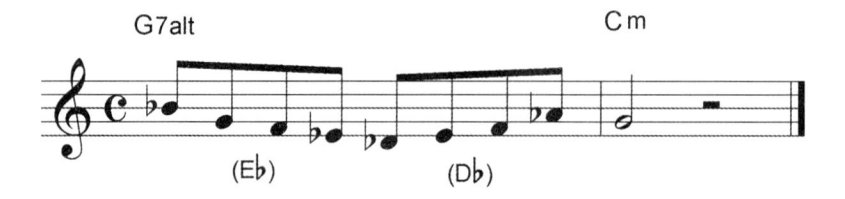

**Exemplo 137**
- Sobre um acorde meio-diminuto, pode-se usar a escala Lócria 2M, que oferece a tríade a partir do ♭VII.

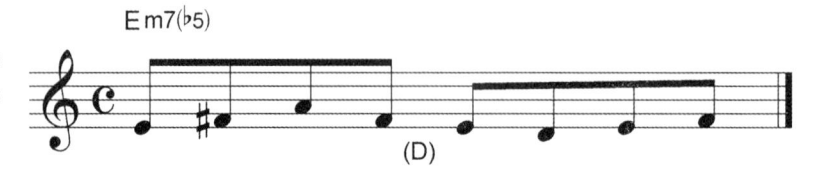

## 3. A ÁREA DE DOMINANTE
O acorde de dominante, eixo da harmonia tonal, apresenta muitas "cores" diferentes, devido às suas alterações. Aqui são analisadas as tríades superiores derivadas das escalas até agora apresentadas.

| Tríade Maior superior | Análise |
|---|---|
| ♭II (mais interessante a tríade menor, sobre esse grau) | derivada da escala Menor Harmônica (sonoridade: ♭9,♭13). Note que esta tríade maior contém o 4° grau do acorde |
| II | derivada da escala Lídia ♭7 (sonoridade: ♯11) |
| ♭III (interessante também a tríade menor sobre o ♭III) | derivada da escala *diminuta S-T* |
| ♭V | derivada da escala Superlócria (sonoridade: ♭5,♭9); também derivada da escala diminuta S-T |
| ♭VI | derivada da escala Superlócria (sonoridade: ♯9,♭13) |
| VI | derivada da escala *diminuta S-T* |
| ♭VII | derivada da escala Maior (sonoridade: *sus* 4) |

## Capítulo 8 - Estruturas superiores (II): Improvisação contemporânea

**EXEMPLOS DE APLICAÇÃO DAS TRÍADES SUPERIORES DA ÁREA DE DOMINANTE**

**Tríade sobre o ♭II**. O uso dessa tríade pode-se aplicar tanto à resolução para maior quanto à resolução para menor. A partir do bII se faz interessante a sobreposição de uma tríade menor. A♭m/G7 soa muito bem, eliminando o problema do quarto grau do acorde apresentado pela tríade maior sobreposta:

Exemplo 138

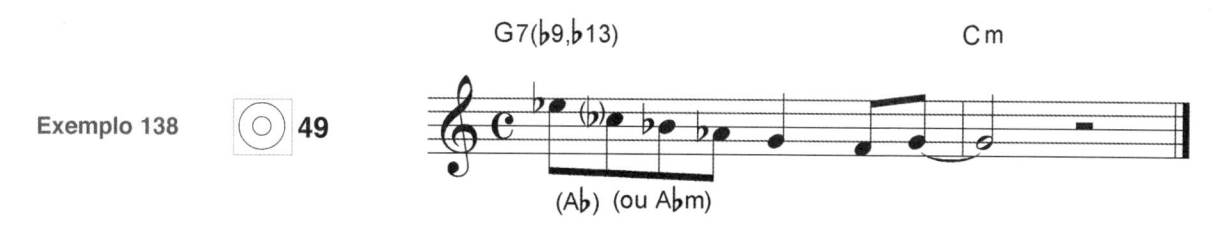

**Tríade sobre o II**. O uso dessa tríade se faz interessante na resolução em maior, devido à 13ª maior:

Exemplo 139

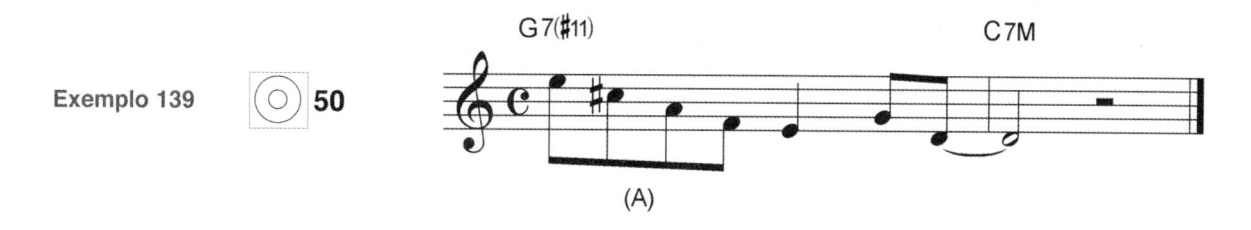

**Tríade sobre o ♭III**. A aplicação dessa tríade pode se dar tanto na resolução para maior quanto na resolução para menor.

Exemplo 140

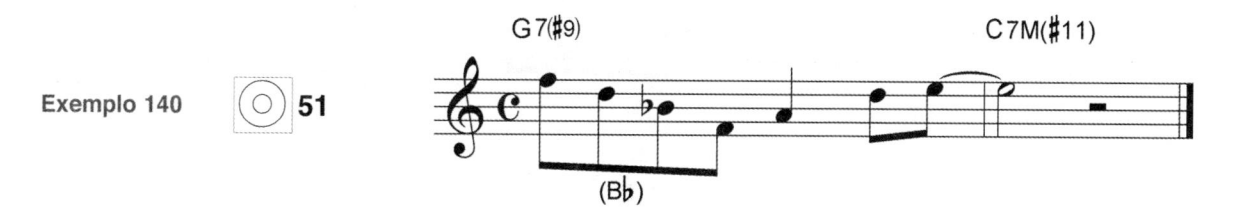

**Tríade sobre o ♭V**. A aplicação dessa tríade pode se dar tanto na resolução para maior quanto na resolução para menor. Observe que essa tríade, derivada tanto da escala Superlócria como da escala *Diminuta S-T*, representa também a tríade do SubV7:

Exemplo 141

**Tríade sobre o ♭VI.** Derivada da escala *Superlócria*, resolve, de forma natural, para menor. Pode ser usada, também, na resolução para maior:

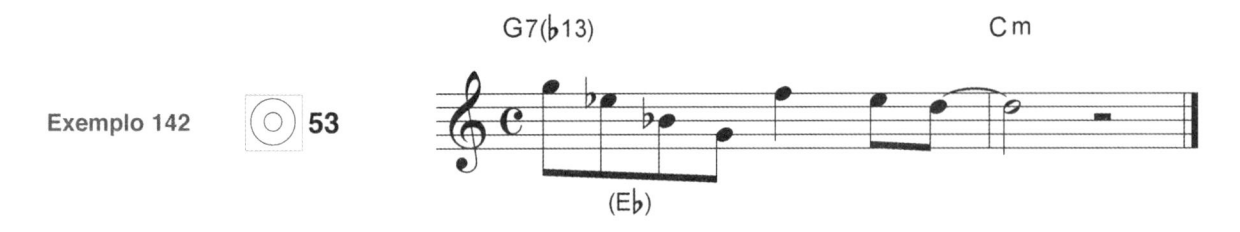

Exemplo 142   53

**Tríade sobre o ♭VII.** Derivada da escala Mixolídia:

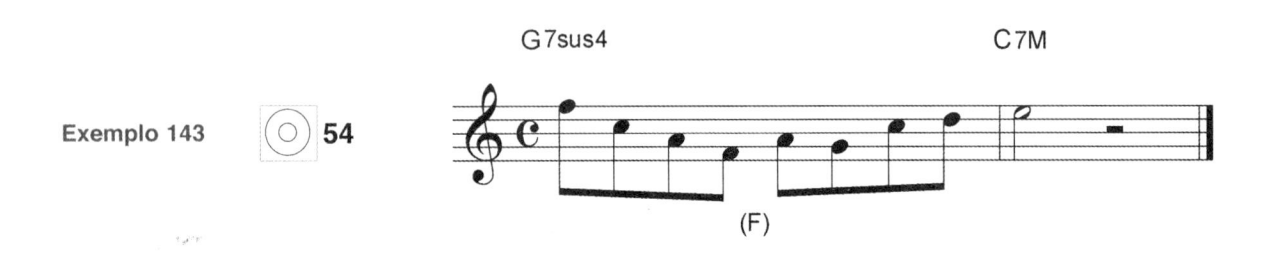

Exemplo 143   54

Uma combinação interessante de estruturas superiores é a que acontece entre a tríade sobre o ♭5 e a sobre o ♭6. As duas fazem parte da escala Superlócria. Veja o exemplo:

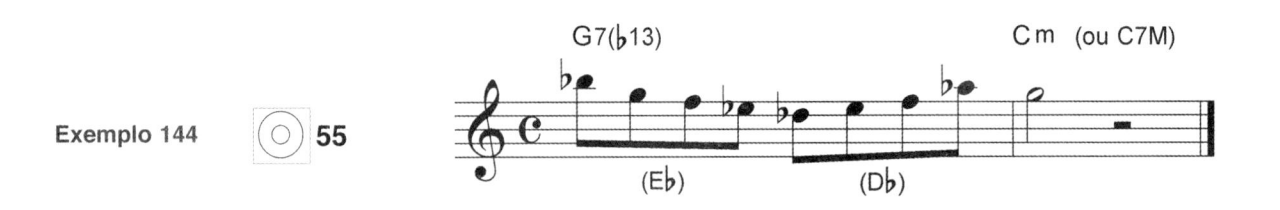

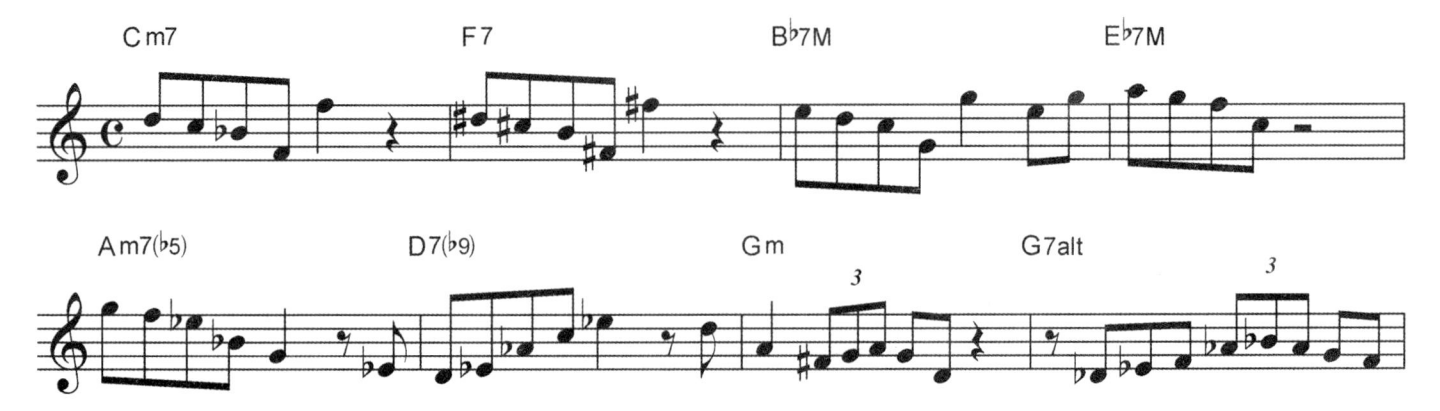

Exemplo 144   55

Exemplo 145   Uso das tríades superiores em um improviso (**Estrutura Harmônica n°1**)   56

## 4. ESCALAS PENTATÔNICAS SOBREPOSTAS

A ausência de semitons nas escalas pentatônicas, permite aplicá-las a várias tonalidades. Por exemplo, as notas de C penta-Maior funcionam sobre os seguintes acordes: C7M, F7M, B♭7M, B♭7M(♯5), Em7, Dm7, Gm7, Gm(7M), Am7, D7sus4, E7alt, F♯alt, Bm7, F♯m7(♭5), Em7(♭5). Obviamente, para cada um desses acordes, as notas da escala de C penta-Maior estarão assumindo nuanças diferentes. Experimente analisar as notas de C penta-Maior, referindo-as aos acordes acima citados.

Observe as primeiras quatro notas das duas escalas penta-Maior e penta-menor:

| Pentatônica maior: | Pentatônica menor |
|---|---|
| 1-2-3-5-6 | 1-♭3-4-5-♭7 |

As primeiras quatro notas de cada escala remetem à fórmula n°6 apresentada no Volume 1, nas suas versões maior e menor. Essa consideração sugere a possibilidade de aplicar as pentatônicas no lugar das tríades superiores apresentadas neste capítulo e no capítulo 4. Veja a tabela abaixo; os algarismos romanos indicam as pentatônicas maiores a partir daquele certo grau:

| Acorde | Escala de Acorde | Pentatônicas Maiores |
|---|---|---|
| Maior 7M ou 6 | Jônica | I,V |
|  | Lídia | I,II,V |
| Maior 7M(♯5) | Lídia aumentada | II |
| Dominante | Mixolídia | I |
|  | Lídia ♭7 | II |
|  | Alterada | ♭V |
|  | Diminuta S-T | nenhuma |
|  | Tons inteiros | nenhuma |
|  | Mixolídia (♭9,♭13) | nenhuma |
| Dominante Sus4 | Mixolídia sus4 | I,IV,♭VII |
| menor 6 ou 7 ou 7M | Menor Melódica | IV |
|  | Menor Harmônica | nenhuma |
| menor 7 | Dórica | ♭III,IV,♭VII |
|  | Eólia | ♭III,♭VII |
|  | Frígia | ♭II,♭III,♭VI |
| menor 7(♭5) | Lócria | ♭II,♭V, ♭VI |
|  | Lócria 2M | ♭VI |

Em todos os casos em que o primeiro grau da escala pentatônica não corresponder à fundamental do acorde ao qual se refere (o que representa a maioria dos casos apresentados na tabela anterior), pode-se falar em escala pentatônica sobreposta, da mesma forma em que falamos em tríades sobrepostas. Nesse caso a estrutura superior sobreposta é representada por uma escala de cinco notas.

### APLICAÇÃO DAS PENTATÔNICAS SOBREPOSTAS

Da mesma forma como procedemos para as tríades sobrepostas, é possível sobrepor escalas pentatônicas maiores para criar estruturas melódicas.

Exemplo 146  Aplicação das escalas pentatônicas sobrepostas ao *turnaround*

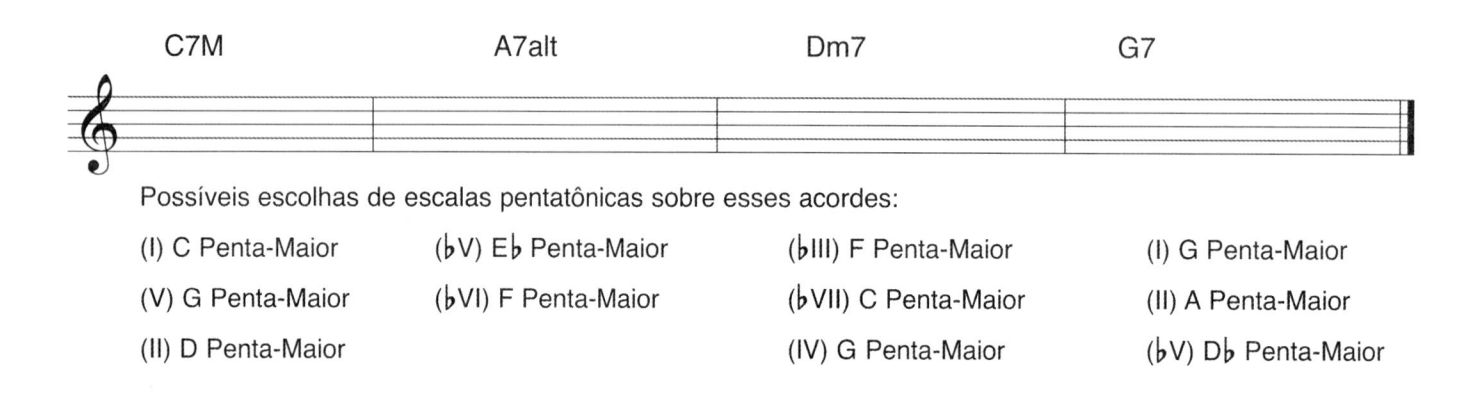

C7M      A7alt      Dm7      G7

Possíveis escolhas de escalas pentatônicas sobre esses acordes:

| | | | |
|---|---|---|---|
| (I) C Penta-Maior | (♭V) E♭ Penta-Maior | (♭III) F Penta-Maior | (I) G Penta-Maior |
| (V) G Penta-Maior | (♭VI) F Penta-Maior | (♭VII) C Penta-Maior | (II) A Penta-Maior |
| (II) D Penta-Maior | | (IV) G Penta-Maior | (♭V) D♭ Penta-Maior |

Apresentando cada acorde múltiplas escolhas de sonoridades, é interessante procurar critérios para ligar um acorde a outro ou uma escala a outra. Ligações interessantes são:

**a)** as cromáticas (por exemplo, D Penta-Maior no primeiro compasso que vai para E♭ Penta-Maior no segundo compasso), veja o exemplo:

Exemplo 147

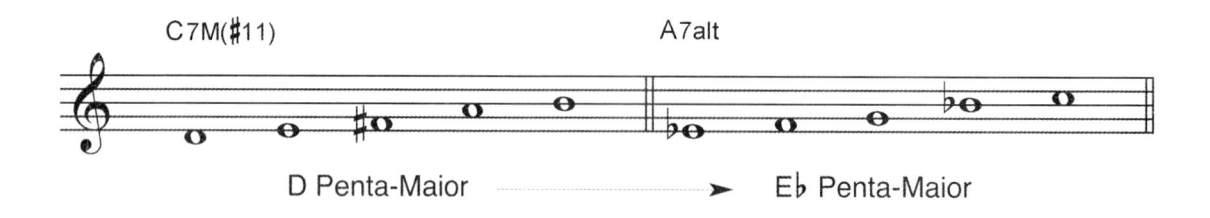

C7M(♯11)     A7alt

D Penta-Maior ⟶ E♭ Penta-Maior

**b)** as diatônicas (por exemplo F Penta-Maior e G Penta-maior se alternando nos quatro compassos).

**c)** as de quintas descendentes (por exemplo a sequência C Penta-Maior, F penta-Maior, G Penta-Maior nos primeiros três compassos).

Existe uma forma de usar as pentatônicas que se revela bem interessante; trata-se da técnica do *Side Slipping*, tratada logo em seguida.

## 5. TÉCNICAS "IN-OUT"

Trata-se de um recurso para tocar "Out", ou seja fora da escala "certa", enriquecendo a melodia com notas que estão fora da escala, ou do acorde. De forma mais comum, se trata de um grupo de notas que distam um semitom das notas certas e para as quais irão sucessivamente.

**TÉCNICA DO *SIDE SLIPPING*.** Esse termo pode ser traduzido em português como "deslizar de lado". A técnica oferece uma maneira de tocar "dentro" da harmonia, sair e voltar de forma lógica. O conceito é simples e deve ser referido à sobreposição melódica: no meio de uma frase baseada em uma escala, se opera uma alteração, para tocar a escala um semitom acima ou abaixo da escala certa, voltando sucessivamente a praticar de novo as notas da escala.

Por exemplo, em um acorde de Cm7 em que se está usando E♭ Penta-Maior (ou C penta-menor, que é a relativa, tanto faz), passa-se a usar E Penta-Maior (ou C♯ penta-menor), o que significa, uma escala um semitom acima, para depois voltar à escala "certa".

Exemplo 148 *Side Slipping* um semitom acima

Exemplo 149 *Side Slipping* um semitom abaixo

**EXERCÍCIOS PARA PRATICAR A TÉCNICA DO *SIDE SLIPPING***

**Exercício n° 51.** Pratique os seguintes pontos:
1) Selecione um acorde; escolha, então, duas escalas pentatônicas, a primeira "IN", ou seja, compatível com o acorde, a segunda "OUT", ou seja, um semitom acima ou abaixo;
2) Estabeleça uma duração igual entre as duas escalas, por exemplo, meio compasso, ou um compasso;
3) Pratique um solo alternando as duas;

Exemplo 150 Para o acorde de C Maior foram selecionadas duas escalas: G Penta-Maior, que representa a escala "IN", e A♭ Penta-Maior, que representa a escala "OUT" um semitom acima

**Exercício n° 52.** Pratique como no exercício anterior, desta vez variando a duração de cada escala. Veja o exemplo seguinte:

**Exemplo 151** Para o acorde de C Maior foram selecionadas duas escalas: C Penta-Maior, que representa a escala "IN" e D♭ Penta-Maior, que representa a escala "OUT" um semitom acima. A mistura de "IN" e "OUT" não está presa a durações específicas de tempo.

### SIDE SLIPPING NO II-V7
É possível praticar sobreposições melódicas em cima de sequências **II-V7**:

Exemplo 152

**OUTRA TÉCNICA "IN-OUT"** é a de usar, como notas "OUT", as notas da escala alterada do acorde de dominante. Por exemplo, em C maior usam-se, como "OUT", as notas da escala G7 Superlócria (ou da escala G7 Diminuta S-T). Trata-se de uma forma de *"dominantização"* melódica. Veja o exemplo abaixo:

Exemplo 153

# 9 OUTRAS TÉCNICAS DE IMPROVISAÇÃO

## 1. "NÚCLEO COMUM" DAS ESCALAS *SUPERLÓCRIA* E *DIMINUTA S-T*

As duas escalas mais usadas nos acordes de dominante que apresentam alterações são:

- A **escala *Diminuta S-T***, usada, de preferência, para a resolução em maior, devido à 13ª maior.
- A **escala *Superlócria***, usada tanto na resolução para menor quanto para maior.

As duas escalas possuem um "núcleo comum" que, portanto, é possível utilizar sobre acordes alterados, independente se a resolução é para maior ou menor:

[Partitura comparando as escalas Diminuta S-T (sobre G7(13): b7, 1, b9, #9, 3, #4, 5, 6) e Superlócria (sobre G7(b13): b7, 1, b9, #9, 3, b5(#4), b13(#5))]

Como mostra a figura, as duas escalas têm em comum as primeiras cinco notas e a última (b7). Isso significa que é possível construir frases sobre os acordes de dominante, que usem essas notas comuns às duas escalas. Veja o próximo exemplo:

**Exemplo 154**

[Partitura: G7 (13 ou b13) — Cm (ou C7M)]

**Exemplo 155** Outra forma de pronunciar a frase:

[Partitura: G7 (13 ou b13) — Cm (ou C7M)]

### EXERCÍCIOS PARA PRATICAR O "NÚCLEO COMUM"

Para obter uma sonoridade "alterada" interessante, comum às escalas, é possível praticar alguns exercícios, aqui em seguida indicados.

**Exercício n° 53**. A partir da fundamental do acorde de dominante, pratique a sequência 1-♭2-♯2-3-♯4 em todas as tonalidades (use a faixa n°35 do CD).

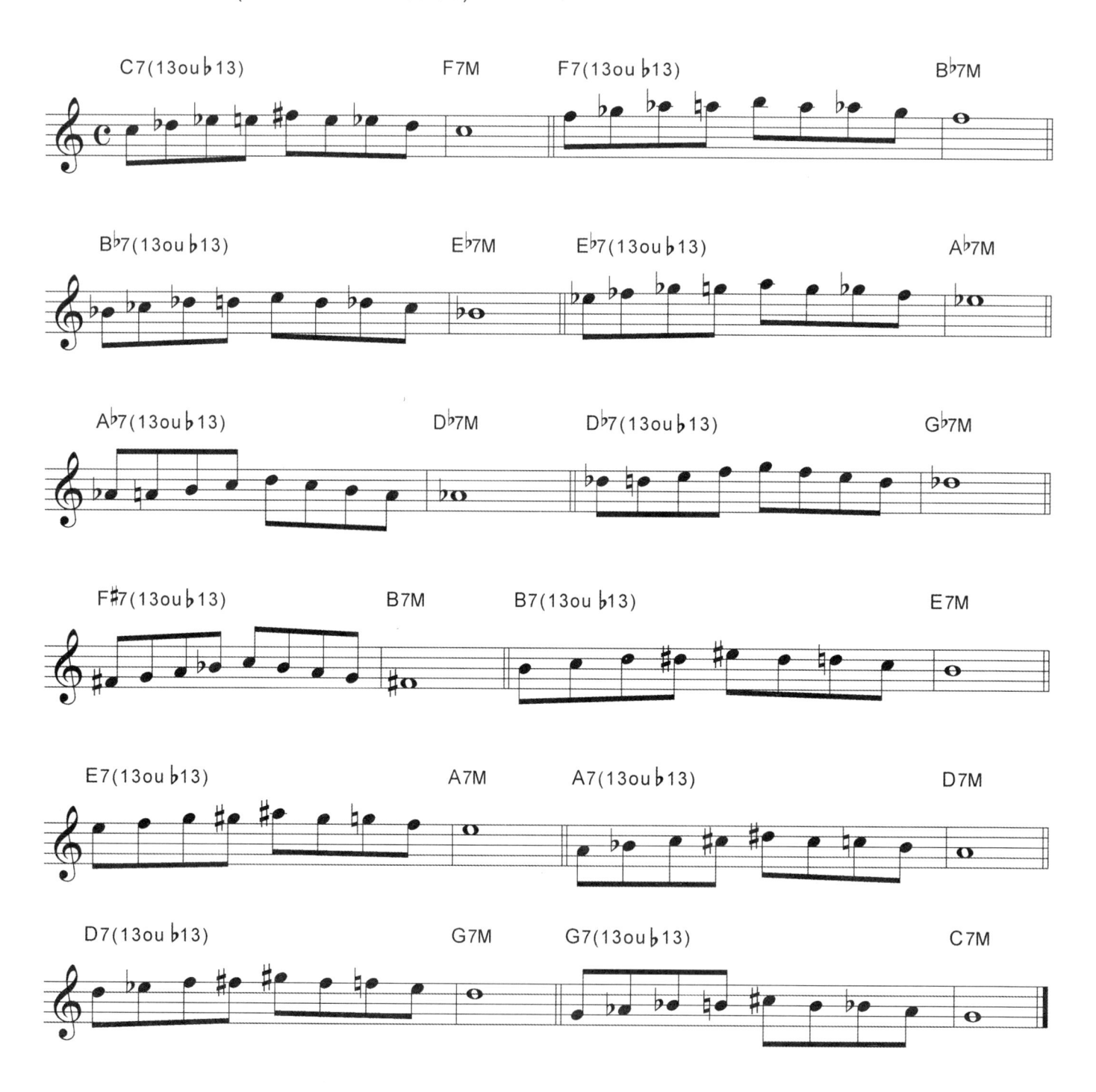

Experimente pronunciar as notas do exercício acima utilizando a divisão rítmica do exemplo 155.

Capítulo 9 - Outras técnicas de improvisação

**Exercício nº 54**. Pratique a sequência #4-3-#2-b2-1 sobre os acordes de dominante, em todas as tonalidades, resolvendo para os acordes de tônica (use a faixa nº35 do CD).

Mais uma consideração pode ser feita sobre a escala Diminuta S-T: devido à sua simetria, é possível construir a frase isolada acima (1-b2-#2-3-#4) a partir dos graus 1, b3, b5, 6 da escala. Isso porque a frase é composta por uma sequência de notas que se alternam por tons e semitons. Veja o próximo exemplo:

**Exemplo 156**

## 2. QUATRO DIFERENTES ABORDAGENS PARA A IMPROVISAÇÃO

Apresento, agora, quatro diferentes técnicas de improvisação baseadas na correlação escala/acorde:

1. Técnica Paralela
2. Técnica Derivativa
3. Técnica do *Lydian-Chromatic*
4. Técnica do Tom Comum

Exemplo aplicado a um *Turnaround*:

| Técnica \ Acorde | C7M(#11) | A7alt | Dm7(b5) | G7alt |
|---|---|---|---|---|
| Paralela | C Lídio | A Superlócrio | D Lócrio (ou D Lócrio 2M) | G Superlócrio |
| Derivativa | G Jônico | Bb men. mel. | Eb Jônico (ou F men. mel.) | Ab men. mel. |
| *Lydian-Chromatic* | C Lídio | C# Lídio #5 | Ab Lídio #5 | B Lídio #5 |
| Tom Comum | G Jônico | G Lócrio 2M | G Frígio (ou G Dórico b2) | G Superlócrio |

**1. Técnica Paralela.** É a que normalmente se usa: cada acorde refere-se a um tipo de escala que começa pela própria fundamental. A técnica paralela nos faz pensar nas escalas derivadas (ou *modos*):

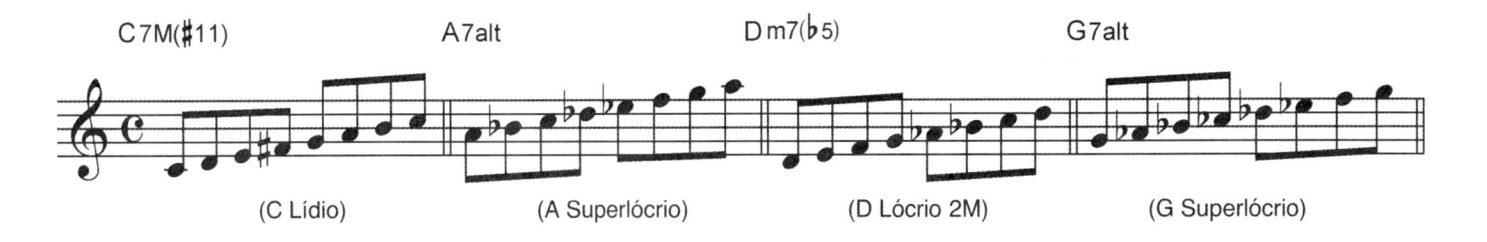

C7M(#11)   A7alt   Dm7(b5)   G7alt

(C Lídio)   (A Superlócrio)   (D Lócrio 2M)   (G Superlócrio)

**2. Técnica Derivativa.** As escalas de cada acorde fazem referência à escala "primária", ou seja, à escala que gera aquela determinada escala derivada (essa técnica está ligada à anterior e estamos acostumados a ela):

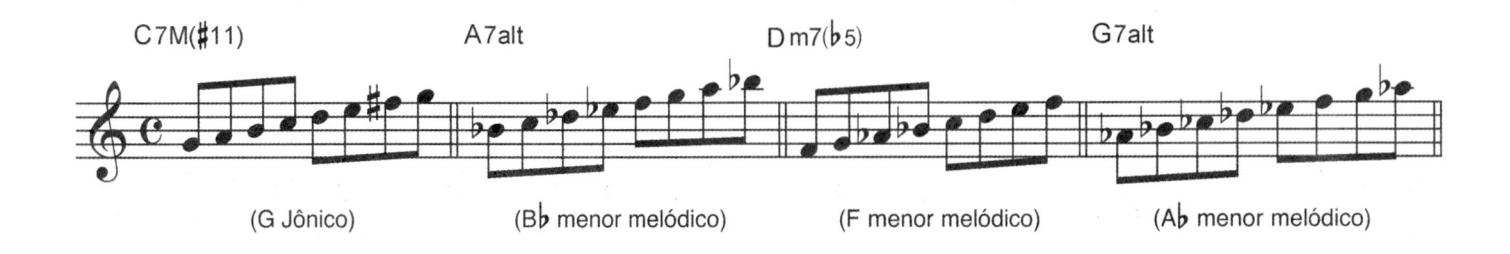

C7M(#11)   A7alt   Dm7(b5)   G7alt

(G Jônico)   (Bb menor melódico)   (F menor melódico)   (Ab menor melódico)

## Comparação entre as duas primeiras técnicas

Sobre o acorde C7M(♯11), C Lídio equivale a G Jônico. A técnica paralela se refere à escala Lídia, enquanto a técnica derivativa se refere à escala que gera o modo lídio (C Lídio é o 4° grau de G Jônico).

Pensamento semelhante para as outras escalas: A Superlócrio equivale ao sétimo modo de B♭ men. melódica; D Lócrio 2M é baseada na escala de F men melódica; G Superlócrio equivale ao sétimo modo de A♭ men. melódica.

**3. Técnica do *Lydian Chromatic*.** Essa técnica utiliza prevalentemente escalas Lídias e aplica a qualquer tipo de acorde esses tipos de escalas (podemos usar principalmente três: Lídia, Lídia ♭7 e Lídia ♯5). Isso com o objetivo de ressaltar sonoridades diferentes: as escalas do exemplo abaixo construidas sobre os acordes A7alt, Dm7 (♭5) e G7alt começam por novos pontos de partida (sobre Dm7(♭5), por exemplo, começamos a tocar pela nota lá bemol):

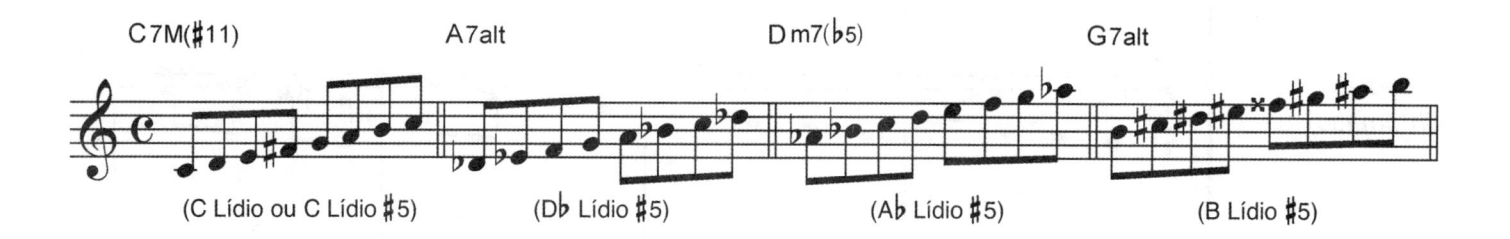

[Exemplo musical: C7M(♯11) (C Lídio ou C Lídio ♯5) | A7alt (D♭ Lídio ♯5) | Dm7(♭5) (A♭ Lídio ♯5) | G7alt (B Lídio ♯5)]

Vejamos o exemplo acima: no acorde C7M(♯11) é aplicada uma escala Lídia (outra opção mais dissonante poderia ter sido uma escala Lídia ♯5); no acorde A7alt é aplicada uma escala Lídia ♯5; no acorde Dm7(♭5) é aplicada uma escala Lídia ♯5; no acorde G7alt é aplicada uma escala Lídia ♯5. Essa técnica é extraida do livro de George Russell "The Lydyan Chromatic Concept of Tonal Organization for Improvisation" (vide bibliografia).

**4. Técnica do Tom comum.** Começa pela mesma nota: no nosso exemplo a nota é G. O ponto de partida das várias escalas é sempre o mesmo. Com a quarta técnica é possivel "alterar uma frase" para adaptá-la à sequência dos acordes:

[Exemplo musical: C7M(♯11) (G Jônico) | A7alt (G Lócrio 2M) | Dm7(♭5) (G Dórico ♭2) | G7alt (G Superlócrio)]

## Comparação entre as quatro técnicas e sua aplicação

É claro que as sete notas pertencentes a cada acorde, independente da técnica utilizada, são as mesmas. O que muda, porém, é o ponto de vista da abordagem do material melódico. Cada técnica evidencia "pontos de partida" diferentes, ressaltando algumas notas em vez de outras.

O próximo exemplo mostra a aplicação da célula melódica 1-2-3-5 às escalas, utilizando as 4 técnicas apresentadas acima:

**Exemplo 157**

1. Paralela
2. Derivativa
3. *Lydian Chromatic*
4. Tom Comum

O exemplo acima mostra como o uso de cada técnica evidencia notas diferentes ao aplicar uma célula melódica (no caso acima 1-2-3-5) às escalas. O próximo exemplo mostra a aplicação da célula melódica 7-1-2-3:

**Exemplo 158**

1. Paralela
2. Derivativa
3. *Lydian Chromatic*
4. Tom Comum

**Exercício nº 55.** Aplique a célula melódica 2-3-6-5 às escalas, usando as quatro técnicas.

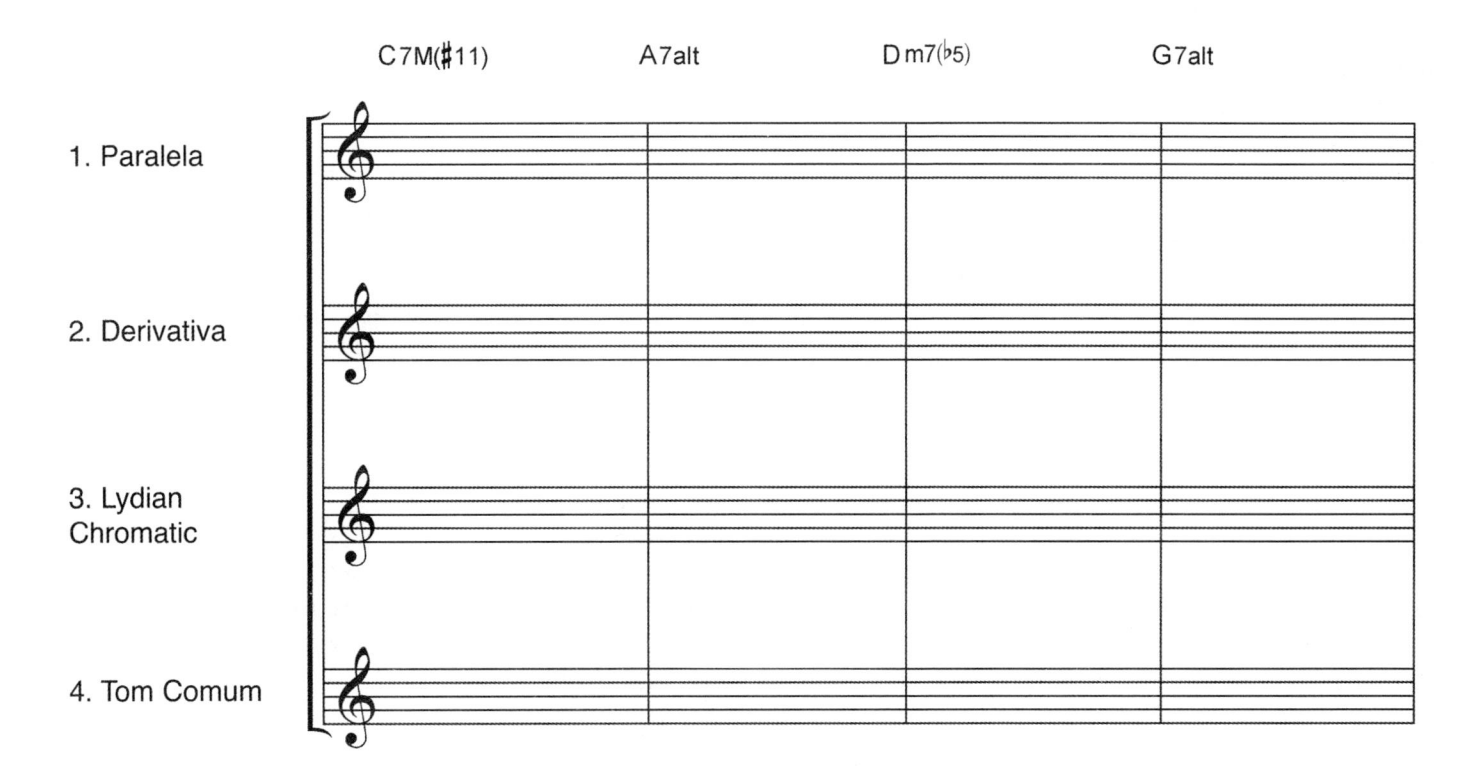

| | C7M(♯11) | A7alt | Dm7(♭5) | G7alt |
|---|---|---|---|---|
| 1. Paralela | | | | |
| 2. Derivativa | | | | |
| 3. Lydian Chromatic | | | | |
| 4. Tom Comum | | | | |

**Exercício nº 56.** Aplique a célula melódica 2-3-4-3 às escalas, usando as quatro técnicas.

| | C7M(♯11) | A7alt | Dm7(♭5) | G7alt |
|---|---|---|---|---|
| 1. Paralela | | | | |
| 2. Derivativa | | | | |
| 3. Lydian Chromatic | | | | |
| 4. Tom Comum | | | | |

Nesse ponto, convido o leitor a experimentar a utilização de uma ou outra técnica, estudando uma de cada vez.

## REFLEXÕES SOBRE A APRENDIZAGEM E A PRÁTICA DA IMPROVISAÇÃO

### ANALISAR SOLOS E IMITAR A LINGUAGEM DE OUTROS MÚSICOS

Analisando melodias e solos, descobrimos clichês típicos de um autor ou de um estilo, descobrimos frases interessantes que podem ser incluídas no nosso repertório.

Com relação aos grandes improvisadores, devemos nos perguntar: como eles criam "histórias musicais" cheias de interesse? Podemos improvisar como eles copiando o que eles tocam? A imitação é um momento importante de qualquer aprendizagem, mas não podemos apenas copiar. É útil escutar, analisar o que o músico fez, entender a idéia, para em seguida usá-la de outras maneiras.

*"Imite. Assimile. Inove."* (Clark Terry).

### ESCUTAR O TIPO DE MÚSICA QUE SE QUER TOCAR

Para desenvolver a sua linguagem improvisativa, é importante que você escute, analiticamente, gravações famosas para:

1) Detectar frases interessantes; aprender como funcionam; imitá-las e depois variá-las.
2) Prestar atenção à relação entre os músicos, para ver como um reage ao gesto musical do outro. Os bons músicos interagem: o improvisador faz uma frase e os outros podem responder, seja melodicamente ou ritmicamente. Pode também acontecer o contrário: o músico começa o próprio improviso a partir de um elemento proposto por outro músico num instante anterior. Uma prática importante é a de escutar muito o estilo musical que se pretende tocar, para se absorver "o sotaque" e as frases típicas.

### A IMPORTÂNCIA DAS TRANSCRIÇÕES DE SOLOS

Existem, hoje, muitas transcrições de solos dos grandes improvisadores. É importante dedicar algum tempo ao estudo dos solos que mais nos agradam e analisá-los, assim como é importante aprender a escutar os CDs e "pegar" as frases de que mais gostamos.

Vamos fazer mais um paralelo entre a linguagem musical e a linguagem verbal. As duas linguagens são aprendidas por imitação. Pense: uma criança não aprende a falar na escola, mas aprende bem antes de estudar a gramática, e o faz imitando. No começo, a criança erra muito, mas aos poucos, vai refinando a sua fala, que irá desde a reprodução de simples palavras até discursos complexos, em um período que vai de um a cinco ou seis anos de idade. Nas duas linguagens, a musical e a falada, é mais fácil entender e mais difícil produzir (as crianças começam a entender cedo, e só depois começam a falar). Agora pense: quando uma criança começa a falar, dificilmente compõe logo um poema; mais provavelmente começa com uma sílaba. O músico aprende de maneira semelhante. Portanto, não se preocupe se no começo o seu improviso não sai da maneira como você gostaria. É preciso tempo e prática. Lembre-se da coisa mais importante: para aprender uma linguagem é preciso "mergulhar" dentro dela; é importante ouvir muito e repetir. Portanto, se você quiser aprender a tocar em um estilo musical, é importante frequentar esse estilo e imitá-lo.

Muito mais útil do que ler transcrições já feitas é você mesmo transcrever. Transcrever é uma prática difícil mas muito útil; especialmente no começo, é difícil transcrever um solo inteiro. Concentre-se, então, em uma frase; escute a música com atenção e separe uma frase que você acha interessante. Feito isso, transcreva-a e analise-a.

### A IMPORTÂNCIA DO TREINAMENTO AUDITIVO

Praticar a percepção auditiva, para desenvolver um bom ouvido musical, é uma prática fundamental para o estudante de música, especialmente para quem quer se dedicar à arte da improvisação. Acredito que existam vários níveis possíveis para se treinar a percepção auditiva. Ter um bom ouvido musical significa reconhecer a tipologia dos acordes (maiores, menores, diminutos, meio-diminutos, aumentados, dominantes); de suas eventuais extensões ou alterações (9, 11, 13, ♭13, etc). Pode significar, também, ter a capacidade de reconhecer/entoar a fundamental de cada acorde de uma sequência dada. Mas talvez, a coisa mais importante para o improvisador, e que se refere ao aspecto melódico, seja possuir a habilidade de reconhecer a altura de uma determinada nota em relação a um determinado acorde. Logo depois, entender os movimentos da melodia (por exemplo, entender que um determinado movimento melódico é: 6 que vai para o ♯4, que resolve no 5 do acorde, etc). São sugeridas aqui algumas práticas a serem aplicadas em algumas músicas:

1) entoar uma melodia e, então, transportá-la em outro tom;
2) cantar os arpejos dos acordes;
3) entoar as fundamentais dos acordes no baixo;
4) cantar as aproximações às notas dos acordes (como visto no volume 1 desta obra).

### Algumas sugestões para tocar em grupo

Com base na minha experiência como professor e músico, sugiro alguns pontos para a reflexão sobre a prática de tocar em grupo. Não considere esses pontos como absolutos, nem como obrigatórios. Essas considerações não fazem parte de nenhum manual ou "etiqueta de comportamento musical". Ofereço-as porque me parecem úteis e aplicáveis à maioria das circunstâncias.

- Tente viver o grupo como unidade. Toque com os outros, ouvindo-os; "respirando" junto.

- Dê espaço aos outros músicos e coopere para o sucesso deles. Instrumentos harmônicos podem ajudar o solista a desenvolver suas idéias. Da mesma forma podem atrapalhá-lo. Evite que isso aconteça.

- Durante a improvisação, é interessante começar com poucas notas e, aos poucos, aumentar a densidade de notas. Poderíamos representar graficamente a dinâmica de um solo desta forma:

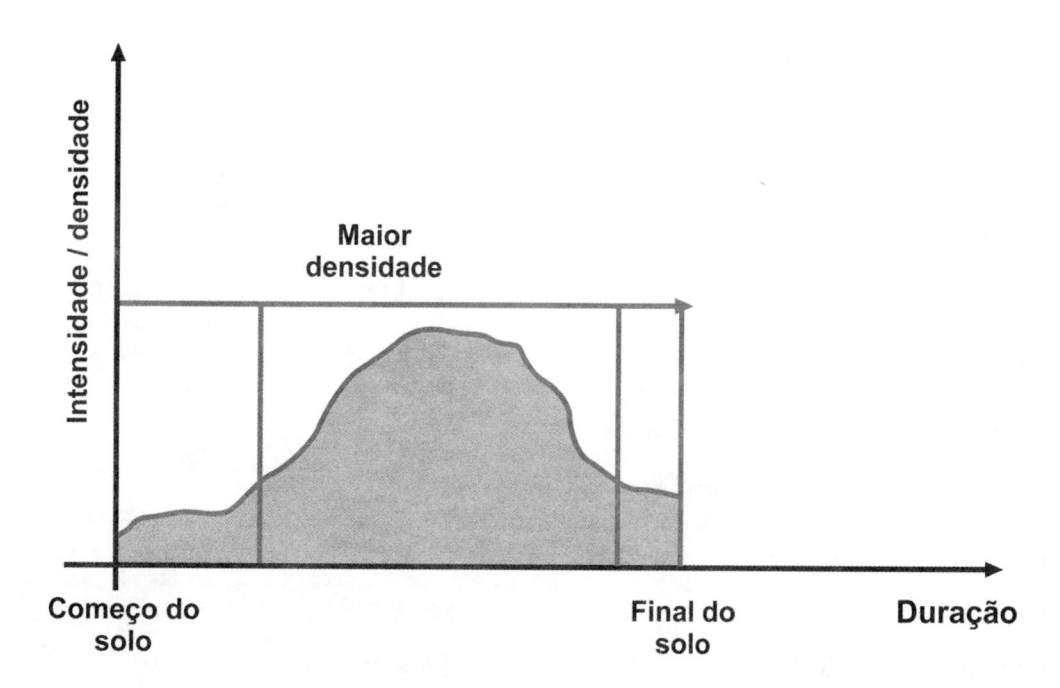

- Procure terminar o seu solo de forma clara, deixando os outros entenderem que o improviso terminou. Uma sugestão para que o final do improviso seja claro é terminar tocando as últimas notas do tema, ou terminar na fundamental do acorde reduzindo o número de notas dos últimos compassos assim como sua energia.

- Não se preocupe em começar o improviso no primeiro tempo do primeiro compasso da estrutura; experimente deixar a música "respirar". Da mesma forma, não se preocupe em terminar o solo no último tempo do último compasso.

- Sensibilize os outros para que se evitem as incompreensões entre um improviso e outro, gerando aqueles vazios em que todos ficam se olhando sem saber o que fazer e pensando "quem é o culpado disso tudo?". Às vezes, os músicos não conseguem comunicar de forma clara que vão terminar o improviso. Neste caso, não se importe em começar o solo com um ou dois compassos de atraso. Uma coisa interessante é começar pelas últimas notas do solista anterior.

## ESCALAS, NOTAS DISPONÍVEIS, FUNÇÃO E CARACTERÍSTICAS DE CADA TIPOLOGIA DE ACORDE

A seguinte tabela indica as tensões, as notas disponíveis, as principais escalas, as tríades superiores mais usadas sobre cada tipologia de acorde e sua função tonal. Ressalto que se trata apenas das opções mais comuns dentro de um contexto tonal, e que as indicações apresentadas não esgotam todas as possibilidades. O estudo da harmonia pode fornecer grande auxílio para quem precisa entender melhor o funcionamento da tabela. Nessa, o símbolo "x" indica "qualquer tríade de base" que, com a adição do sétimo grau, torna-se tétrade. A coluna das tríades superiores contém, além de tríades maiores, algumas tríades menores, quando essas se tornam mais úteis.

O leitor interessado pode facilmente constatar que as tríades menores são derivadas através do mesmo procedimento usado ao longo do livro para isolar as tríades maiores sobrepostas.

| Cifra | Tipologia de acorde | Notas do acorde | Função | Tensões e Notas disponíveis | Escalas principais | Tríades superiores |
|---|---|---|---|---|---|---|
| x7M | maior com 7M | 1-3-5-7M | I<br>IV<br>A.E.M (♭II, ♭III, ♭V, ♭VI, ♭VII) | 6; 9<br>6; 9; ♯11<br>6; 9; ♯11 | Jônica (ou Lídia)<br>Lídia<br>Lídia | V, IIIm, VIm, (II)<br>II<br>II |
| xm(7M) | menor com 7M | 1-♭3-5-7M | I (em menor) | 6; 9 | Menor Melódica | V |
| x7 | dominante quando resolve para um acorde **Maior** uma quinta abaixo | 1-3-5-♭7 | V7 | 9,13<br>9,♯11,13<br>♭9,♯9,♯11,13<br>♭9,♯9,♯11,♭13<br>♭5, ♭6 | Mixolídia<br>Mixo ♯4<br>Diminuta S-T<br>Superlócria<br>Tons inteiros | Vm<br>II, Vm<br>♭III, ♭V, VI<br>♭V, ♭VI, ♭IIm, ♭III<br>II(♯5) |
| x7sus4 | dominante (resolve, normalmente, para **Maior**) | 1-4-5-♭7 | V7 | 9,13<br>♭9,13 | Mixolìdia<br>Dórica ♭2 | ♭VII, IV<br>♭VII m |
| x7 | dominante quando resolve para um acorde **menor** uma quinta abaixo | 1-3-5-♭7 | V7 | ♭9, ♭13<br>♭9,♯9, ♭5, ♭13 | Mixo (♭9,♭13) ou Superlócria<br>Superlócria | ♭IIm<br>♭V, ♭VI, ♭IIm, ♭III |
| x7 | dominante que **não** resolve uma quinta abaixo | 1-3-5-♭7 | SubV7<br>Sem função de Dom. | 9; ♯11; 13 | Mixo ♯4 | II, Vm |
| xm7 | menor ♭7 | 1-♭3-5-♭7 | II | 6; 9; 11 | Dórica | ♭III, ♭VII |
| xm7 | menor ♭7 | 1-♭3-5-♭7 | III | ♭2; ♭6; 11 | Frígia | ♭II |
| xm7 | menor ♭7 | 1-♭3-5-♭7 | VI | ♭6; 9; 11 | Eólia | ♭VI |
| xm7 | menor ♭7 | 1-♭3-5-♭7 | I (em menor) | ♭6; 9; 11<br>6; 9; 11 | Eólia<br>Dórica | ♭VI<br>♭III, ♭VII |
| xm7 | menor ♭7 | 1-♭3-5-♭7 | IV (em menor) | 6; 9; 11 | Dórica | ♭III, ♭VII |
| xm7(♭5) | meio-diminuto | 1-♭3-♭5-♭7 | II | 11; ♭13<br>11<br>9; 11; ♭13 | Lócria<br>2º modo Men. Harm.<br>Lócria 2M | ♭V<br>--<br>♭VII, Vm, II^dim |
| x° | diminuto | 1-♭3-♭5-♭♭7 | Dominante (Maior)<br>Dominante (menor)<br>Cromática<br>Auxiliar | 2; 4; ♭6; 7M | T-S<br>7º modo Men. Harm.<br>T-S<br>T-S | II, IV, ♭VI<br>♭VI<br>II, IV, ♭VI<br>VII |

# REFERÊNCIAS BIBLIOGRÁFICAS RELATIVAS AOS ASSUNTOS DESTE VOLUME

- ALVES, Luciano. *Escalas para Improvisação*. São Paulo: Irmãos Vitale,1998.
- BAKER, David. *How to Play Bebop*. Voll. 1,2,3. Van Nuys, California, USA: Alfred Publishing Co. Inc.1987.
- BAILEY, Derek. *Improvisation: Its Nature and Practice in Music*. New York, USA: Da Capo Press.1992.
- BERGONZI, Jerry. *Melodic lines*. Inside improvisation series. Rottenberg N., Germany: Advance Music,1991.
- _____. *Pentatonics*. Inside improvisation series. Rottenberg N., Germany: Advance Music,1991.
- _____.*Thesaurus of Intervalic Melodies*. Inside improvisation series. Rottenberg N.,Germany: Advance Music,1991.
- BERLINER, Paul. *Thinking in Jazz: The Infinite Art of Improvisation*. Chicago, USA: The University of Chicago Press,1994.
- BUETTNER VON, Arno Roberto. *Expansão Harmônica. Uma Questão de Timbre*. São Paulo: Irmãos Vitale, 2005.
- COKER, Jerry. *Elements of the Jazz Language for the Developing Improvisor*. Miami, USA: Studio 224,1991.
- COKER, Jerry, CASALE, Jimmy, CAMPBELL, Gary, GREEN, Jerry. *Patterns For Jazz*. Lebanon, Indiana, USA: Studio P/R, Inc. 1970.
- COOK, Nicholas. *Fazendo música juntos ou improvisação e seus outros*. Trad Fausto Borém. Per Musi. v.16. Belo Horizonte: UFMG, 2006.
- CROOK, Hal. *How to improvise. An approach to practicing improvisation*. Rottenberg N., Germany: Advance Music,1991.
- DELAMOND, Gordon. *Modern Melodic Technique*. Delevan, New York, USA: Kendor Music,1976.
- GALPER, Hal. *Forward Motion*. E-Book. http://www.forwardmotionpdf.com
- GARDNER, Jeff. *Jazz Piano. Creative Concept and Techniques*. Paris, France: HL Music, 1996.
- HAERLE, Dan. *Scales for Jazz Improvisation*. Florida, USA: Studio 224,1975.
- LIEBMAN, David. *A Chromatic Approach to Jazz Harmony and Melody*. Rottenberg N., Germany: Advance Music,1991.
- NACHMANOVITCH, Stephen. *Ser Criativo. O poder da improvisação na vida e na arte*. São Paulo: Summus Editorial, 1993.
- REEVES, Scott. *Creative Jazz Improvisation*. Englewood Cliffs, New Jersey, USA: Prentice Hall Inc,1989.
- REYNOLDS, William; WARFIELD, Gerald. *Common-Practice Harmony*. Longman Music Series. New York; London: Ed. Longman, 1985.
- RICKER, Ramon. *Pentatonic Scales for Jazz Improvisation*. Hialeah, Florida, USA: Columbia Pictures Publications, 1976.
- RUSSELL, George. *The Lydyan Chromatic Concept of Tonal Organization for Improvisation*. Cambridge, England: Concept Publishing Company, 1960.
- SCHOENBERG, Arnold. *Fundamentos da composição musical*. São Paulo: EDUSP, 1991.
- SCHULLER, Gunther. *Early Jazz: Its Roots and Musical Development*. Oxford, England: Oxford University Press,1986.
- VALERIO, John. *Post-Bop Jazz Piano*. Victoria, Australia: Hal Leonard, 2005.
- WEISKOPF, Walt e RICKER, Ramon. *The Augmented Scale in Jazz*. New Albany, Indiana, USA: Jamey Aebersold, 1993.

A cada dia de nossa vida nós mudamos. Milhões de células se renovam em nosso corpo, nossas idéias e nossas percepções mudam, assim como nossas atitudes. Voltando às páginas deste livro daqui a um tempo, com certeza, cada um de nós descobrirá coisas novas, achará interpretações diferentes, terá novas idéias.
Deixe isso acontecer. Os caminhos e a busca da linguagem da improvisação são infinitos.

Turi Collura